お遍路ズッコケ一人旅

うっかりスペイン、七年半の記録

波環
NAMI Tamaki

青弓社

お遍路ズッコケ一人旅
うっかりスペイン、七年半の記録

目次

はじめに……9

第3章

いちばん得意な運動、それは歩くこと

第4章

あじさいに降る雨も、ミカンの葉を照らす陽も……86

第5章

時空を超えて空想遍路……123

装画——霜田あゆ美
装丁——和田悠里

はじめに

あるとき、ピンクハウスのワンピースはもう着ることができないと気がついた。花柄が木綿生地にプリントされてパーツにフリルが縫い付けられた独特のデザインで、最近では朝ドラで井川遥さんが一九八〇年代の流行を象徴する服装として着用していた。それはメルヘン的なデザインなので、着る人に勢いが必要なのだ。

私にはもう無理。客観的に無理。あのころは買えなかった。いまは買える。でも無理。そうなのだ。いくらお金があっても取り戻せないものがある。

女子は（男子も）生きていく先にやらなければいけないライフイベントの関門が待っていて、それは強制されるものではないとはいえ、「それが終わったら」「ここまでは辛抱」と、ときにはディズニーのプリンセス映画で目をごまかし、ときには好きなアイドルの音楽で耳をふさいでやりすごす。

だが、「どうやっても無理」な時期は確実にやってくる。やるべきときにやるべきことはやらなければいけない。やれるだけやらなければいけない。スキあらば、やりたいことはやってみよう。せめて思い続けることはやめないでおこう。それは整った道ではなくても、こっそり一人で歩いてみよう。コケたとしても、ばんそうこうを貼ってまた歩こう。

お遍路を謳った書名なので、最終的に悟りが開けるようなことが書いてあると思われるかもしれませんが、人生が一通りではないようにお遍路のゴールも一つではなかったようです。本書は、残された時間の少なさにふと気がついて焦ってうっかりお遍路に取り付かれてしまい、右往左往したあげく、とうとうヨーロッパの西の端まで行ってしまったおっちょこちょいにもほどがあるごく普通のおばちゃんがやり散らかしたことを書いたものです。いろいろなことに立ち向かわなければいけない年頃の女性たちが、少女のときにあこがれていた何かに向かって一歩を踏み出せるよう、本書を捧げます。

＊

本書の出版にあたって、いつも快く休暇を取らせてくれる勤務先の先輩・同僚のみなさまに深く感謝します。一人での食事が寂しくてたまらないのに留守番をしてくれた息子も、ありがとう。

地球規模の伝染病で多くの人が不安を抱える春、好きなときに好きな場所に行ける幸せをあらためて感じています。

二〇二〇年三月

第1章

歩いて、泊まる、それがお遍路

1　はじめにやること

お遍路を歩きでやってみたいと思えども、なにかとわからないことが多い――でも、あまり複雑に考えるのはよくない。手順はシンプルにこうである。

お遍路は、日程を決めて宿に電話することから始まる。

まずカレンダーを見て、少なくとも三日間の休みが取れる日程を探す。「土・日・祝」みたいなところが理想的。次に、歩き始める地点、泊まる地点、帰る地点を決める。

泊まるのが公園や道端になってしまってはいろいろと厄介です。なので、ここは宿に泊まることにして、予約の電話をする。日程に合う移動手段を決めて、荷造りをすればもう行けます。

パスポートも許可もいらないし、下見もいらない。泊まるところが決まれば、お遍路はスタートです。

2　宿への電話

さて、これから私のお遍路体験をいろいろ書いていくにあたり、まったくの個人的な見解であり、書く内容に汎用性はないかもしれないことは、はじめにご了承ください。つまり、私が書くことに異論があるだろうことはあらかじめ認めます。

お遍路はきわめて個人的な体験であると思います。「正式」なお作法もあるにはあるのだろう。でも、それは誰かが認定したものなのか、そもそもやり方に正解があるのかないのかなどというややこしい話になるでしょう。なので、ここでは情報の真偽にはこだわらないことにします。生まれてから死んでいくまでの時間が全員違うように、お遍路の体験も人の数だけあると思うのです。

そんなことを前提として、最初は宿を決めるときの手順です。

まず、四国お遍路とは八十八の番号がついたお寺にお参りをするということ――この定義にしたがって話を進めます。〝お遍路＝四国＝八十八のお寺〟この三つはセットになっているのが常識と思っていたのだが、自分の子どもほどの年齢の新入社員に「お遍路って四国ですか？」

国道の距離表示を見ながら歩く速さをキープしていきます。単調な山道では、この標識を見ることだけが楽しみな日もあります

と言われてしまい、驚いた。「そりゃあ、そうでしょ！」と言いたいところだが、「そうだよ、四国にあるお寺にお参りするんだよ」と、そこは静かに、できるだけ優しく話しておいた。そんなわけで、知らない人もいるという体で進めます。

一番札所のお寺、徳島県鳴門市大麻町の霊山寺からスタートするとします。

私がいま住んでいるところから鳴門市大麻町まで行くのは、けっこうやっかいだったりする。徳島県に行くにあたっては、飛行機とか長距離バスとかいろいろ手段はあって、それは経済事情と使える時間次第で個々に任せるとして、仮に午前十一時ごろ霊山寺に着いたとして、そこでお「シンプルに」などと言ったものの、歩きだす前におなかいっぱいになるほど煩雑である。徳島参りをするところから話をスタートします。そこでのお参りは所要時間は十五分くらいでしょう。

次に一・四キロ先の二番札所のお寺に、そして二・六キロ先の三番札所のお寺に行く。途中、コンビニに寄って軽食とトイレ。次に五キロ先の四番札所のお寺へ。途中、公園のベンチでチョコをひと口。そして五番札所のお寺に行く。移動はもちろん歩きです。

これを繰り返しているうちに暗くなる。おなかがすいた、もう休みたい。グダグダ歩いているうちに予約した宿だ。ごはんとお風呂だ、ありがとう宿よ、となる。

宿に着くのは夕方五時くらいだと、いろいろと都合がいい。場合によってはもっと早くてもいい。いつも早く着いてほしいと思いながら、歩いている。

しかし、そんな都合がいい地点に宿なんてあるのか？　どうやったら、あらかじめ宿を決めて予約することができるのか？

ものの本や慣れた方のブログなんかには、当日の昼に宿に電話して宿を決める、どこまでいけるか風任せよ、自由な旅よ、オレサマのよォ、などと度胸のいいことが書いてあることもある。だけど私はそれが度胸とは思わない。繁忙期は空室がなくなっていることもあるし、私のようなおばちゃんが薄暗くなった村の道端で宿がなくてトボトボと歩いているのは悲惨にしか見えないだろう。などのいろいろな理由で、私は日程が決まった時点で宿を決めます。

で、行程を決めるにあたって非常によく使うのが『四国遍路ひとり歩き同行二人（地図編）』（へんろみち保存協力会編）（以下、『へんろ地図』と略記）という冊子です。通信販売で買えます。黄色い表紙。唯一無二の存在感。

これを使わないで歩いて回ることはたぶん不可能です。「グーグルマップ」でもいけるのかなあ？と考えて、一度使ってみたけれど、「グーグルマップ」の山道は真っ白エリアでした。なので、やめておけ。

この『へんろ地図』にはお寺と、宿と、歩くべき道と距離がカラーの地図に示されています。一番札所を午前十一時に出たら夕方五時にはこのあたりまで歩いているだろう、ということがこの地図を見て、ややじっくり考えればわかるはず。そして夕方五時はここにいるはずだ！とされる地点のもっとも近くにマークがある宿に電話します。

『へんろ地図』には、宿のリストと電話番号がついています。この日本からアルゼンチンの先っぽの宿でさえネットで予約できるのに、国内だけど、いまも電話。お遍路で泊まるのにちょうどいい宿は、予約サイトにあまり載っていません。

電話番号を間違えずに押して、泊まる日時と名前と電話番号をお知らせする。お遍路です、と伝えておいたほうがいいです。お値段を聞く。そのお値段でお食事がついているかも確認。一泊二食七千円くらいが相場です。最近は電話が苦手という人もいるのだろうが、向こうは電話しか方法がないのだから仕方ないね。

二日目の宿も、一日目の宿から一日で歩けるのはこのあたりまでに違いないと決めつけて、電話する。宿決めは基本的にこの繰り返し。八十八番札所までの道はなかなかに遠いですなあ。

3 お遍路の宿のいろんなこと

このあたりで、電話でしか予約できない宿について説明しよう。

『へんろ地図』の巻末リストには、たくさんの宿名があり、地図の上に番号があって照合できるようになっている。これらの宿は三種類くらいに分類される。中心街の、遍路目的ではない人も泊まるだろう松山グランドホテル（仮名）みたいなものもあれば、山頂にあってお寺をお参りするお遍路以外の目的で泊まりようがないような宿・田中屋（仮名）的なものもある。遍路のルートは昔の街道と重なっているところも多いので、江戸時代からの宿場町だったという風情の鈴木旅館（仮名）的なものもある。

好みによってどれを選んでもいいのだけれど、その日に歩ける距離のところにちょうどある宿という条件では、選ぶ余地もなくてそこにあるものに泊まるしかない。都会のグランドホテル（仮名）まで戻るのも、ありはありだけども、お寺までのバスは一日一便みたいなところが多くて帰るにも帰れない。タクシーも村に一台、都合よくは来ない。

日程を作るにあたって、ターミナルになるような町、例えば徳島市、松山市、高知市などに泊まるときは、予約サイトで各種のグランドホテルからビジネスホテルまでのあらゆる選択肢のなかからお好みで選べるので、問題なし。

鈴木旅館（仮名）は、たまに予約サイトに載っている。サイトにあるのは二割くらいか。商売として成り立っていそうだ。そこで予約してポイントを稼ぐもよし。お遍路プランがあったりもする。

田中屋（仮名）は圧倒的に電話だけ。ウェブサイトもないところがほとんどです。

では、それぞれの宿タイプのありがちな例を紹介します。まずはターミナルになる都市のホテルを予約サイトで探した場合。

高知市内に泊まったときのこと。街なかにはコンビニがいっぱいあって、食べるものには困らない。翌朝は早いし、寝るだけが目的の宿を予約サイトで最安値で探したら「ビジネスホテル××」の名前でヒット。最安値、バストイレ付きシングル、素泊まり、三千円台だった。行ってみたらそこはソープランドさんのお向かいだった。キラキラの看板が光っていた。細い階段を二階まで上がって、すりガラスがはめ込まれたステンレスの枠のドアを開けるとフロント、だけど無人。

呼び鈴を押して出てきたのは、昔はとても美人だったろう七十すぎに見えるおネエさんだった。花柄のブラウスに、ばっちりのお化粧。客商売の鑑のような人だ。カギをもらって、お部屋は三階。エレベーターは設置なし。遮光カーテンの隙間から、お向かいのソープさんのキラキラが見える。

ごはんを食べに出るときも帰ってくるときも、おネエさんがいるフロントは通らないけれど、階段を下りるときチャイムが鳴って、出入りがあることはわかるみたい。ほかにスタッフはぜんぜん見なかったので、おそらくお部屋の清掃などもおネエさんが一人でやっているらしい。というか客が私しかいない、ゴールデンウイークだったのに。お部屋は古かったけど、とてもきれいに清掃してあって「お湯は夜十一時から朝六時までは止めてます」の張り紙も愛らしく、おネエさん、ボイラー消してから寝るんだなあ、とほのぼのした。翌朝六時すぎにフロントに行っておネエさんにカギを返す。お化粧ばっちりである。六時なのに。尊敬する。

もう一度、高知市内を通過するタイミングがあったので、迷わずもう一度泊まった。高知市内は、ここがいちばんだ(というか、ここしか泊まっていない)。

では鈴木旅館（仮名）の場合はどうか。予約サイトによると「お遍路プラン」がある。ビールかドリンク一本お付けしますプランみたいなもので、ばっちりマーケティングでお遍路の客もターゲットにしているところもあるし、昔の宿場町の商人宿で、ついでにお遍路さんもどうぞ、なところもある。

大きめの玄関をガラガラ開けて、ごめんくださいと入っていくと、スリッパが並んでいておかみさんが出てくる。すでに到着しているお遍路さんのごつい山歩き靴が並んでいることも。あと、お杖立てもある。

電話で予約した者です、はいどうぞ、の定番のやりとりがあって、お部屋は二階の松の間ですよ、と言われる。筋肉痛で階段はつらいがリュックを背負ったまま二階に上がり、鍵がついてないような部屋のドア、または襖を開ける。八畳程度の畳にテレビに、机にお茶の用意がある。

おかみさんが部屋にきて、晩ごはんの時間とお風呂の時間を教えてくれる。混んでいるときはお風呂は順番になる。男性客が多いときは、先に使っていいですよ、と気遣いしてくれるときもある。古いけどきれいに洗ってあるお風呂。元気なおかみさんに、おとなしそうなご主人。

さて、ここからが問題だ。後継ぎ的な男子の存在が垣間見える旅館は建て増ししたり、設備を更新したりしている。トイレに洗浄機能がついていたり、テレビが薄型だったり。後継ぎ男子にお嫁さんがいたらもう満点である。そういうところはウェブサイトがあったり、駅までお送りサービスがあったりする。未来がある。

愛媛県のある城下町で泊まった旅館がそんな感じだった。若夫婦が経営していて、古い旅館を手入れしている。中階段から手入れされた中庭が見えて、トイレの壁紙も貼り替えて、修理に修理して使っていた。いわゆる「レトロ趣味でおしゃれ」のカテゴリーに入る。

一方で、泊まっていてつらくなるような旅館もある。その昔、坂本龍馬が脱藩するときに越えたとされる峠のふもと町。峠越えの手前にある旅館だった。メインの街道沿いに何軒かある古い宿のひとつに、あまり深く考えずに電話して予約をした。

その日は朝からずっと雨。雨具の耐水性テストのような状況で、夕方にその宿についた。ずぶ濡れで、大きなガラス戸の玄関を開ける。玄関は広いし、廊下も奥まで続いている。大きな旅館だった。

声かけしても誰も出てこない。したたり落ちる水滴。

十分くらい呆然としていると、三十代に見えるはつらつとした女性が出てきた。おかみさんかと思ったら訪問客とのことで、おかみさんを呼びにいってくれた。訪問客女性は介護ヘルパーさんと名乗り、旅館スタッフではないとのこと。

おかみさんである人がなんと歩行器を使って出てきてくれた。八十歳以上にしか見えない。なんとも申し訳ない気持ちになって、床を濡らさないように、玄関脇に無造作に積んであった古新聞を勝手にもらって、上がらせてもらう。部屋は二階とのこと。急階段である。

高知市桂浜付近で大雨。ずぶ濡れのなか、なるべく楽しいことを考えながら草むらの一本道を半日歩く

リュックのなかのものが全部雨で濡れた。お札も濡れた。着るものがない状態になった記念写真

部屋のつくりは「一九六〇年代建築の立派な宿」形式を踏襲したもので、室内に和式トイレや洗面所もついてるタイプ。荷物を置いて、濡れたものを全部エアコンの前につるす。このときは財布のなかの紙幣まで濡れていたので、机の上に並べて干した。

おかみさん（推定八十歳超え）が上がってくる気配はゼロだし、足が悪くて歩行器なわけで、上がってこられても恐縮だし自分で下りていって、お風呂や食事のことを尋ねてみる。

お食事は、玄関脇の小部屋に用意、お風呂は建て増しにした一室。いま、お湯入れてます。おかみさん、足が悪いのに、宿の采配は大変だろう。買い物だって大変そう。

洗濯は、離れのプレハブ小屋にコインランドリーがある。コインランドリーに行くために外に出てみると、敷地の隣にコンビニがあった。ここでこの旅館のすべてをまかなっているらしく、コインランドリーの備え付け洗剤、部屋のテレビのリモコンの電池も、ティッシュもすべてそのコンビニのＰＢ製品。

昔は大きな旅館としてにぎわったのだろう、介護されているその人はこの旅館の「社長」だった人なのだろう、と広い敷地といまは使っていない別館を見ながら往時の威容を想像してみる。私が使った寝具の洗濯や部屋の掃除もあのおかみさんがするのか？　急な階段を上ってきて掃除機をかけて、トイレを掃除し、洗面所を拭いて、シーツを持って下に下りる。その姿を想像しただけでつらくなる。

こうなってくると、泊まるのが、予約するのが申し訳ないような気持ちになる。でも、看板

典型的な遍路宿の個室。清潔な畳に小さなテレビ。足を伸ばしてのんびりできる。洗面所やトイレは共同

を下ろさない、予約を断らない。そこにどんな動機があるのだろう。次にこの地点を通るとき、何年後かわからないけれど、この旅館が営業しているとはとても思えない。

最後に田中屋（仮名）タイプ。いわゆる「遍路宿」で、一般名詞でいうと「民宿」だ。大きめの家の一階が居住スペースで、二階に六室程度の和個室がある。

おかみさんが一人で住んでいて、料理をおいしいと言うと喜んでくれる。お客がないときは、畑仕事かみかん畑の手入れ、収穫をするという。みかん作りの秘儀を教えてくれる。日当たり、土の性質だそうだ。いまはもうあんまり出荷してないけど、親戚や孫に配る程度には作っているよ。そういうのは無農薬（笑）。畑もやり続けないとほら、税金がね。とのことで、見るとネギもいっぱい育っている。

おかみさんのプライドにかけて、風呂やトイレは最上級の清潔さである。たまーに、男性が一人で経営していて、近所の奥さんが、予約が入ったときだけパートで来るような遍路宿もある。こういうことがあるので、事前に予約したほうがいいのだ。当日予約だと、パートの奥さんが手配できなかったりするし、買い置き食料がなかったりすると慌てさせるから。そんなこともあるので、電話予約のときの食事の確認は大事です。

この田中屋（仮名）タイプで強烈だったのは、〝うどん県〟香川県で泊まった国道沿いのうどん屋さんの離れの宿。プレハブのうどん屋さんの駐車場のそばに古い家屋があって、建て増しで迷路のようなその家にお遍路を泊めています。古いのはいいのですが、晩ごはんはうどんでした。うどんをおかずにごはんをいただく。どちらも大盛り。これは強烈でした。

これからはこういう遍路宿も「民泊」が増えてくるのでしょう。お遍路の宿こそそんな形態がとても似つかわしいように思える。しかし資本や人手の点で、臨界点を超えてしまった地域や宿では、民泊の時代にふさわしいユニバーサルな条件を整えられないだろう。このあたりを整えられたら「お遍路世界遺産化」も見えてくるだろうに。

このほかの宿泊所には「宿坊」もあります。お寺に併設で、そうたくさんはありません。早起きです。人気です。立派です。

香川県の七十五番札所の善通寺の宿坊に泊まったときのこと。人づてに善通寺の朝のお勤めの立派なことは聞いていたし、なんといっても弘法大師生誕の地なので総本山的なお寺だし、宿

七十五番札所・善通寺宿坊の晩ごはん。お豆腐、こんにゃくがおいしかった。ちょうどよく満腹になる質と量

坊に泊まるならばここだろうと張り切っておりました。国民宿舎をグレードアップしたような鉄筋コンクリート四階建てで、地下もあります。団体さんもどんとこいでしょう。国民宿舎にはないエレベーターもあります。お年寄りの参拝客もあるからでしょう。精進料理に近いメニューの過不足ない夕食後、いつもどおり洗濯機を借りに地階まで下りました。六台の最新式洗濯機と乾燥機。六台もあるとは、さすがです。私の横には、女性の学生僧らしい人が一人。かわいらしいプリントがついた大きな袋に衣類を入れています。善通寺は僧の教育機関もあるのです。女優の伊藤沙莉ちゃんに似た感じの、ほっぺたがふっくらした健康そうな僧でした。洗い上がった衣類を袋に詰め終わると彼女は立ち去りました。私は洗濯物を洗濯機に入れて、隣の大浴場に向かいました。脱衣所は半分だけ明かりが落ちていて、大浴場のなかは真っ暗。入浴時間も残り少なく、まもなく片づけの時間です。だからこんなものなのかと思っておりますと、なかから大きな声が聞こえてきます。歌っている人がいるのかとのぞいてみますと、先ほどの女性の僧がお経（?）の練習をしているようなのです。私の姿を見つけると彼女は慌てた様子で、ごめんなさい灯りつけますねと会釈をして身じまいして出ていきました。入浴後、脱衣所から出ていくと、入り口に私が履いていたスリッパをそろえてくれていました。

翌朝のお勤めに出てみると、はたしてそのお風呂の僧はこの日のソロ読経の担当だったようで、十人ほどの僧のリードボーカルをするお役目。僧衣は学生用なのか真っ黒で、寒いのにほっぺは真っ赤で大声でお経を詠んでいきます。このお当番のためにお風呂で一人で練習していたのか、宿舎やお部屋では大きな声は出せないのかもしれないと、いろいろ想像します。そしてこの沙莉ちゃん（仮名）は、なぜにこの若さで髪を下ろして、仏教を学ぶことになったのか、あるいはなってしまったのか。わからないことだし、知らなくていいことかもしれない。そのお経はいい声で、とてもすがすがしく聞こえました。こんなこともあるので、たまーに宿坊もいいものです。

4 シール探し、トイレ探し

ここまでに書いたことと言えば宿泊についてだけ。空海のことは?、弘法大師のことはないがしろでいいのか?、とおしかりを受けそうだが、もちろん忘れていない。このあと、いろいろなところで「弘法大師のおかげ」とされることをいっぱい書くことになるはずだから、ここではいいことにします。さて、お参りの手順はいろんな本に書いてあるが、私自身が正式なことをちゃんとできている気がしない。

やるべきことは、お寺に行って、本堂（ご本尊を納めてある堂）と大師堂（弘法大師を納めてある堂）の二つにろうそくを立てて、お線香をあげて、名前を書いた札を納めて『般若心経』を読むこと。そして、お寺の方に納経帳に記帳をいただく。三百円の一律料金を納めます。私は行程が定まった時点で、お参りするお寺の数に合わせて百円玉を用意することにしている。道中でお金をあまり使わないので、小銭の用意が難しくなるからだ。

納経帳に墨も鮮やかにご本尊のお名前が書かれていく。その様子を見ていると、とても上手、華麗なる筆運び、というところと、なかなか個性的なところと、いろいろあるのに気がつく。若い女性のさらさらと流麗な筆さばきは、かっこいいものである。

記帳の受け付けは朝七時から夕方五時までというルールになっている。ということは、朝七時には納経所に入れるように支度をしているのだろう。朝のお勤め（本堂でお経をあげる）はもっと早い時間にするのだから、お寺はホントに大変だと思う。休みもないし。

全八十八寺を回って、納経帳がいっぱいになって、それを棺桶に入れると極楽に行けるということになっているそうです。

納経帳選びに関して、私はすこーし失敗した。お遍路用品の通販サイトで買ったのだが、表紙のカラーリング優先で選んだら、思っていたより大きくて重かった。もっと小さいサイズでもよかったかもと思うが、その分大きく書いていただけるので、まあいいか。でも重い。納経帳は、完全に防水の状態を保って大事に持ち運んでいる。重さの問題はずっと付きまとう課題なので、ないがしろにはしないほうがいい。

重さと言えば、お寺&宿のプランを作るときに必要になるのが『へんろ地図』だが、一冊持って歩くのはやっぱり重い。なので、行程に必要な部分だけカラーコピーして帳合をして、表紙をつけて持っていく。細かい曲がり角は確認しながら行きたいので、手に持ったり、ポケットに入れてすぐに使える状態で歩いたりします。帰ってきてから見てみると、その時々の道の坂の勾配や、ダンプの排気ガスの匂いや、畑仕事をしていたおじいさんの姿を思い出します。

このように、『へんろ地図』はとても優秀で愛情を感じる地図だ。お参りの順路を示していて、現地でもこれに掲載されている順路に沿って、赤い「お遍路シール」が貼ってある。

しかし、印刷物の悲しさで、一度買ったものは情報が更新されません。歩き始めたころは二〇一〇年発行の第九版を使っていましたが、その後、二〇一三年発行の第十版に買い替えました（二〇二〇年現在、第十二版まで出ています）。

版を改めるとき、現地の状況を確かめるのは誰がやるのか、とても気になります。たぶん、「へんろみち保存協力会」の方たちが地道に調査されているのでしょう。全部のページの現状確認ができないらしく、もちろんお寺は動かないのだけれど、コンビニの数、トイレの数、休憩所や宿の数などの更新には、ページによって差があったりする。トイレの場所は、歩くペースを作るときにとても重要なので、正確だとありがたいのだけれど、これがなかなか。

歩いていて、ナビがついている車で回っている夫婦のお遍路さんに道を聞かれたことがある。その方たちが持っていたのは、某旅行会社発行のガイド本だった。ナビがあって、ガイド本があって、車で、街の中なのになんで迷うかな？と思ったのだけれど、それらの地図は点としてのお寺の場所は示してあっても、曲がり角のクセ、カギ形の交差点でわかりにくく注意しなければならないポイントなどは書いていないのだ。それに比べて『へんろ地図』は優秀なのだ。

国道沿いには「四国の道」と刻んだ石の標識があって、あわせて国の予算で建てたのだろうあずま屋がある。雨のときは確かに助かる。が、これが「ウオーキングツーリズム」観光対策なのだとしたらお寒くて、ほんとにほしいものは「トイレがある休憩ポイント」。この差は大きい。あずま屋を建てるだけなら維持費はかからない。トイレの維持には維持費がかかる。規模は小さいけれど「四国の道」「国道あずま屋」は箱モノ行政の例なのだと思えてくる。

実際、ガソリンスタンド、工事現場、畑の共同トイレなど、現地の方に声をかけてお借りすることもある。断られたことはない。

地図にないところでコンビニに出合うとうれしい。でも、ほんとにあってほしいところにコンビニはない。人がいないところには、どんなに商魂たくましいコンビニもこないのだ。町営の公衆トイレにもたまに出合う。トイレの前が広場になっているようなタイプで、そこにはベンチがあることが多い。腰の曲がったおばあさんがお掃除にきていて出会うこともある。野花が飾ってあることも。輪番でお掃除してるのかしら？　十年後は、誰がお掃除をやるのだろう。

とにかく、このお遍路の道中のトイレが清潔さを保っているのは、国の道路整備はもとより、地元の人たちの心がけやボランティアの方の積み重ねが圧倒的に強いからだ。歩いていると弘法大師という存在を中心にした同心円に、善意の人たちが点在している世界観のなかにいるような気持ちになる。弘法大師の存在感はお寺だけじゃなくて、道の上にもある。

歩き遍路はこのシールを探し続ける旅。自分じゃなくてシールを探す旅

地図に見入るふりをしてすきあらば座ろうとする私。荷物が重くて下ろしたくなるが、座ってばかりいるとどんどん到着が遅くなり、苦しい時間が長くなる

（撮影：岩元潤子）

5 「お四国する」「〇〇番さん」、その独特なボキャブラリー

お遍路をしだしてからはじめて聞いた言葉に「お四国する」(動詞)、「お四国」(名詞)の二つがある。どちらも、お遍路する、お遍路、という意味のようです。「あなたお四国さん？　お四国されてんな？」のような使い方でした。はじめは何のことかピンときませんでした。そもそも「お遍路」自体もお参りをする行為(動詞)だったり、お遍路をする人(名詞)だったりします。「巡礼」という言い方はたまに見かけます。文語の印象が強く、張り紙なんかでまれに見る程度。「巡礼さん」は私は聞いたことがない。

このほかにも、お遍路をする前には聞いたことがなかった言葉がいくつかある。例えば「打つ」。これは、お寺をお参りすること。「通し打ち」は、八十八のお寺を一度も家に帰らずに一気に回ってしまうこと。

八十八のお寺のことは、「札所」(お参りのお札を納めるから)、「霊場」(修行をする場所だから)、「〇番さん」(お寺の名前を言わないで番号で言う)。お遍路さんの接待も、「ご接待」ではなくて「お接待」と言います。「お接待させていただく」というふうに。

「空海」についても「弘法大師」「お大師さん」という呼び名のほうになじみがある。空海さんと弘法大師は別の人のように私には思えます。空海は天才的で学問を厳しく究めた宗教家。弘

法大師は人を救う奉仕の人。お参りの対象としての南無大師遍照金剛。

金剛はダイヤモンドのことだそうなので、世界を隅々まで照らす人、みたいな意味。道中では「南無大師遍照金剛」という名前をいちばん多く目にするかもしれない。幟だったり、順路を表すシールに書いてあったり。菅笠など専門用品に書いてあるのはこの名前です。

空海に由来があるとされるポイントが各地にあります。「弘法大師のお母さんが××した」「弘法大師が××をされた場所」というふうに。そんなとき、道中で「空海」という単語でその人を指す場面は多くはありません。

というわけで、このあとも、「お遍路する」「お遍路さん」「札所」「弘法大師」といった、現地でよく聞く用語を使用しながら話を進めます。どれも、地元の方たちのお遍路に対しての敬いがにじみ出ていると思います。

第2章

使って洗っての∞、装備と準備

1 荷物について。まずはカバン

お遍路を味わうなら歩きです。なのでカバンはリュックがいいでしょう。キャリーケースをゴロゴロ引くのはお寺の参道でも、山道でも大変です。リュックを持っていくという前提で話を進めます。

アウトドアショップに行くと、リュックの大きさは何リットル用、というように容量で書いてあります。肩ストラップ、腰ベルトの種類、ファスナー、ポケットの数、材質。たくさんあって、慣れていないと簡単に決められない。ましてや、素人そうなおばさんの問いかけに、ショップのお兄さんたちの哀れみに満ちた視線が痛い……ことがある。

どちらも香川県の遍路道。カサカサ枯れ葉を踏んで歩くのは楽しい。お遍路ではこういう山道と舗装道路は3：7くらい。ときには民家の隙間も。この道はゴロゴロキャリーケースはしんどいです

初めて買うならどれがいいかわからないのは当たり前。何をどれだけ入れるかわからないのだから。大きければいいというわけでもないでしょう。

だからはじめに用意するものは、リュックじゃないのです。便利さや快適さをどれだけお遍路生活に持ち込むのか、自分の「線引き」を確定させることが最初の準備。必要なのは、その線引きをする覚悟、割り切り。

というわけで、大きめの箱を二つ用意します。一つは絶対必要な物、一つはあったらいい物を入れる箱。そして、一つひとつの用具をどちらに入れるか考えます。

例えば、ドライヤーは必要か。宿で借りるのでもいいか？　そこでないと言われても諦められるか？　ナノ&イオンドライヤーでなくてもいいか？「絶対に必要である」という

結論になったら、「絶対必要な物の箱」のなかへ。

靴下は何枚必要か。靴擦れ、虫刺されを防止するためにも靴下は履いたほうがいいのは間違いない。毎日替えたいか？　日数分持つべきか？　三泊四日で初日分＋三足で計四足。それもありだろうということで「絶対必要な物の箱」行き。下着、Tシャツ、タオル、ズボンなども同様に考えてみて、「絶対必要な物の箱」に集める。

化粧品、シャンプー、石鹸などは悩ましい。これまでどんな宿でも最低限のシャンプーやコンディショナー（両者の一体型のタイプを置く宿もある）、石鹸あるいはボディーソープは常備してあった。だから、あとはお好みの問題。どうしてもこのシャンプーでないと無理、ガサガサになるのはイヤ！という人は、ある程度の量を「絶対必要な物の箱」へどうぞ。使ってもたいして量が減らないのがこの手のもの。化粧品は好きなものがコンビニ買いできるなら話は早い。

歯ブラシや歯磨きは旅館ならあるかもしれない。遍路宿にはあったり、なかったりする。

パジャマ的なものもどうするか？　部屋着は？　旅館には寝間着が置いてあるけど、遍路宿にはないほうが普通かな。お風呂がちょっと離れた場所にある可能性もある。何をどう着てそこまで行くか？

雨具。これも必須だ。山のなかにはコンビニがないから、ビニ傘は買えません。台風がよく通る四国のこと、台風進路にあたると被害はでかいです。ポンチョ、コンビニで売っている簡易カッパの上下、超強力防水のアウトドア用品専門店のもの。大きく分けてこの三つの選択肢があります。選択基準は雨が降ったらどう対処すると「線引き」しておくかで決まります。つまり雨が降っても歩き続けるか、中断して諦めて宿に行くか（宿の予約のリセットにつながることもある）。そもそもその行程が三日間だったら雨にあたらないこともあるだろうが、一週間なら一度くらいは降るだろう。山の頂にあるお寺に行くなら、そのあたりは天気も違います。

いや、傘が好きならそれでもいいんです。でも大雨のとき、下半身はどうしましょう。コンビニの簡易カッパにすると、広げたはいいけど、たたむのが意外とテクニックがいります。安くていいけれど。だから、晴れたら脱いで捨てて、降りそうになったらまた買う。こういうのも、考え方としてはありだと思う。

お遍路特有の道具もお忘れなく。数珠とか、お経の本とか、納経帳とか、濡れたら困る線香とかライターとか。集めてみると一定の一塊になるはず。

「絶対必要な物の箱」の中身全部を大きな袋に入れて持ってみる。そして、これを最大十二時間背負って歩くことをイメージしてみる。正確に言うと、これにリュックそのものの重さが加わります。坂道を上って下りて、ときには滑る谷を行くことも。暑いアスファルト道を一日歩く日もある。箱を抱えて家のなかの階段を上り下りしたり近所のバス停までを歩いてみたりしても、無理かどうかわかる。泣く泣く「あったらいい物の箱」に移してもいい物はどれかを吟味するしかない、誰でもない自分のために。

ものの本によると、人間が背負える重さは体重の一割までとか。ってことは私の場合は何キロくらいで限界？　計算すると、意外となんにも持っていけないよ、となる。

2　連れて歩くもの、それは自分

というわけで、私自身の「線引き」はこうだ。お遍路用品は、お参りそのものに必要なものを優先。何が優先かはしばしば考えることにするから詳細はまたあとで。

衣料品は、歩くときに着るものプラス一セット。宿に着いたらその日に着ていたものはすぐに洗濯して干す。お遍路を泊まらせる宿で洗濯機がないところはない。コインランドリーだったり、ご自由にお使いくださいだったり、チェックアウト時に申告する方式のところもある。

遍路宿だとおかみさんが「お接待」として洗ってくれるところもある。水の管理の手間や洗濯機の置き方によっては、おかみさんとしては預かってしまったほうが何かといいのだろうと思い、そういうときは素直に従うことにする。次の朝に、部屋の前にたたんで置いてあることもある。それでもさすがにパンティーはご遠慮してお風呂でごしごし洗う。

ズボンは歩くとき専用のものを一枚、これは汚れないかぎりは洗わない。洗うなら乾燥機がある宿でだが、もう一枚チノパンを予備として持っていく。とても寒い日は、宿の浴衣は着ないでそれをはいて、上はTシャツとフリースで寝たこともあるので、チノパンは寝巻着も兼ねている。宿の食堂やお風呂上がりはこちらで対応。空港はよごれきったカーゴパンツでは恥ずかしいのでそこでも使う。着るものは速乾性優先で選ぶ。乾燥機が使えるところは半分くらいの宿かと思う。このように衣類は最低限にしたつもりなので、そのかわり雨具はぜいたくすることにする。完全防水で折りたたんで専用袋に入れて持ち運ぶタイプ。パンツも合わせてアウトドア用品メーカーのものにする。この雨具は裏地がしっかりしているので、冬場は、フリースの上からウインドブレーカー代わりに着れば、これ以上の防寒着はいらない。湿気が抜ける脇ファスナーや、手元から雨が入らない面ファスナーなどが付いていて、いい作りになっている。私は、肺やのどが弱くて少しの寒さでのどがはれて発熱することがある。だから雨で冷えるのだけはイヤ。

タオルはスポーツタオルを一枚。このほかタオルハンカチを二枚。これは毎日洗って交互に使う。公衆トイレではペーパータオルもジェットタオルもないからこれは必須。

基礎化粧品は愛用品を分封して持つけれど、なくなったら諦めてコンビニコスメ。シャンプー&コンディショナーは好きなものを持つけれど、日程の半分くらいの分だけにする。宿のもので品質が許せるときはそちらを拝借する。ただし、洗顔石鹸だけは牛乳石鹸赤箱。一度、別なものを持っていって、顔がガサガサになって買い替えたくてもドラッグストアが三日間見つからなくて非常につらかった。だから大きいけど赤箱を石鹸ケースに入れて持ち歩くことにしている。あとは、眉毛ペンシルとUVリップクリーム。

そのほか、薬や洗濯物を干す洗濯ばさみ数個など、生活小物がポーチ一個分くらいあるとして、これらをすべて入れることを想定してから、あらためてアウトドアショップに行ってリュックを選ぼう。ここまでやったらすぐ決まると思う。荷物を出し入れする回数や場面を想像してみると、ポケットの位置や数も想定しやすいかもしれない。

この作業は楽しいけれど苦しい。あれこれ悩むのも楽しみのひとつと思って、できるだけ具体的に背負って歩く自分の姿を想像してみる。が、ここまで割り切ってやったつもりの荷造りでも、歩いていると「失敗した！」と思うことがある。ほぼ毎日ある。歩き始めて二十キロを過ぎるともちろん夕方になっているが、肩にずっしりと荷物の重さがかかってくる。朝はあんなに快適で、楽勝だと思っていたのに。なに？この重さ。そういえば一枚多くシャツを持ってきたとか、化粧水が大きめのボトルだったとか。頭のなかは後悔ばかりになる。

結局そのときに背負っているものは、自分が選んだ我欲の重さなのである。そのかわり、何をどの基準でどう決めても、誰もとがめる者はいないという、完全なる自由がある。

男性では私の半分ほどの大きさのリュックの人もいる。かなりいろいろ少なそうで、軽そうでうらやましい。

3　ドレスコード問題

お遍路を知らない人にお遍路をしていると言うと、必ず「あの白いの、着るの？」と尋ねられる。ほぼ百パーセントである。答えは、私は着ていません。

お遍路を一番札所からスタートしたときは、とりあえずお試しで行ってみようと思っていた。長い距離を歩いたことなどなかったから、どうなるかまったく自信がなかった。

昔から、形から入らないタイプだった。道中では、スタートしてすぐに用具を買えるお店があるのがわかっていたので、どうしてもないとダメなら、そこで買い足そうと思っていた。実際に行ってみたら、おそらく私が鈍いせいだとも思うが、道中で痛い視線は感じなかったので買わずにすませることにした。お遍路用の短めの数珠と、いちばん安い輪袈裟だけ買った。それらも道中は使わず、お参りのときに出して使う。で、八十八番札所までそのままで通した。

慣れてきてあらためて遍路宿で観察してみると、半分くらいの人は白衣を着ている。上だけ着ている人と袖なしベスト型の人がほとんどで、上下とも着ている人は少し。長く歩いている人ほど簡略化されているように見える。一方、個人で自家用車で回っている人や、お遍路団体バスで回っている人たちは見事に白衣で統一している。

菅笠は歩きでは使う人は多くない。雨の日にはやっかいそうである。雨よけカバーも売っているみたいだけれど、基本、速乾性の品ではない。杖は持っている人は多い。私はどちらも持たないことにしている。

特に杖はお大師さんの化身とされていて、お大師さんと一緒に歩く「同行二人」の象徴とされている。だから、大事な意味があるのは知らないわけではない。白衣も死に装束の覚悟を示すと聞いたことがある。

宿の人のなかには杖を持たない私に「ないんだね」って顔する人がたまーにいるし、ほかの歩きお遍路の人に尋ねられたことも一度だけあるけど、苦手なんです、と小さい声で答えたら、それ以上は追及されなかった。

お遍路を知らない人に、それらを持たないのはなぜかと尋ねられたとき、私はこう答えることにしている。

「飛行機に乗っていくでしょ？　杖は大切に扱うことになっているから持ち込み荷物にするかどうか考えると厄介でしょ？　菅笠も嵩があるから手荷物にするのは難しいし白衣は汚れやすいよね、私はそそっかしいからチョコなんかすぐつけるでしょ。汚らしくなるからやめてるの」。

これでだいたい納得してもらえる。

この説明は、理由としてだいたい合っているけど完全に説明できているわけではない。

実際のところ、ウオーキング用のカーゴパンツに、速乾系スポーツウエアに、でかリュックで歩いていて、四国でお遍路以外のものに見られたことがないのです。お遍路さんだよね?と確認されたことは数回ある。だからと言って、登山家とか家出人に見えていたとも思えない。

いつか私がそれらを必要とする日がきたら、使うこともあるのだと思う。そんなわけで、いまのところお大師さんとは、近くも遠くもない距離感で歩いています。お大師さんとの出会いを形に表して杖や衣を身に着けたいとも、逆にぜんぜん興味ない、嫌いとも思わない。これまでのところ、お大師さんは私にとって、近寄ってくることも降り注ぐこともない存在です。

少しススケたとしても白衣着て歩くべしと、何者かが私に降りてきて私が自分で引いていた線を越えたときに、何かが始まるかもしれません。その線を越えても越えなくてもお大師さんは、きっと許してくれるんじゃないかなーって、勝手に思っています。

4　変わったもの、変えられないもの

歩き始めたころの装備と、数年後とでは確実に変わったものがある。アイウエアである。始めたころは、使い捨ての近視用ソフトコンタクトレンズとオークリーのスポーツサングラス、曇りの日は近眼用メガネと、日によって使い分けるという装備だった。お遍路では目を使う。手元の『へんろ地図』と、電柱に貼ってある遍路シールと、道路標識を常に注視しながら歩かなければならない。間違うと迷子になるから必死です。

だんだん、コンタクトレンズがつらくなってきた。地図が見えなくて、つらい。そう簡単には壊れないいいのがあるよと、幼なじみのメガネ店の優秀店員がガチ推しする遠近両用メガネを作った。確かにまあまあいけるか。サングラスは以前から持っている近視対応サングラス。何だかイカツい。サングラスがあると昼間の疲れ方がだいぶ違う。けれども今度は、メガネをかけたり、サングラスをかけたりで忙しくなった。

そしてとうとう作りました。オークリーの近視対応サングラス。高かったです。両端が内側に湾曲しているので、慣れるまで少し時間がかかります。阪神タイガース時代の鳥谷敬が甲子園のデーゲームで珍しいエラーをするのはオークリーの湾曲レンズのせいだとわかり、許すことにしました。このオークリーサングラス、人にはお遍路のためとは言わず、ゴルフのためと言いました。近視用のメガネも持ち歩くけれど、道中ではいまはほとんど使いません。メガネ問題についてはここにきてようやく落ち着いた感じなのです。

一方で、そろそろ限界なのに変えられないものがあります。酷使しているウオーキング用パンツです。

ユニクロのレディース用カーゴパンツを使っています。屋外での仕事で歩くことが多いときに用意したものを、お遍路用に転用したのです。カーゴパンツなので太めのシルエットです。ウエストも腰回りもゆったり。すそに紐が入っているので、締めることができます。膝の横にフックがついていていてまくりあげて七分丈にすることもできます。雨のときはしっかり閉じて上からさらに雨具パンツをはくと、かなりいいです。暑い日はまくり上げて風を入れながら歩きます。

両側にふたが付いたポケットがあります。ここに小さめのお財布とハンカチを入れます。これは貴重品用ポケットになるのです。さらに膝の両側にも大きくて、マチがたっぷりあるふた付きのポケットがあります。ここには、地図、水筒、リップクリーム、ティッシュケースなどを入れます。

5月の標準的な装備。カーゴパンツと納経帳が入る大きめのベルトポーチ、キャップとサングラス、着脱しやすいジップアップの上着（撮影：岩元潤子）

つまり、このパンツはポーチ、ハンドバッグの役割を兼ねているのです。有能です。これらのポケットのおかげで、ちょっと買い物したいときにリュックを下ろすことなく財布を取り出したり、地図も見たらすぐしまったりして歩けるわけです。

でも、このパンツ、もう売っていません。こういう仕立てに手が込んでいる商品はユニクロではもう作らなくなったみたい。もしもお尻がすれたらツギをして、ファスナーが傷んだら取り替えてだましだましはくのでしょうが、薄汚れて、膝が抜けてきたのはいかんともしがたい。雨具やリュックなどと同じアウトドアブランドやカジュアルブランドで似たものもなくはないのですが満足できるものには出合えておらず、ほんとにダメになったら、同じデザインでオーダーメイドをするかもしれないです。

と、くよくよ考えていたある日、アメリカとアフガニスタンの紛争を描いた映画を見ました。非常にハードな状況で精鋭のグリーンベレーが、砂漠のなかを補給もそこそこに進んでいくというもので、緊張感たっぷりなのですが、それはさておき、その精鋭たちの装備、というかパンツのシルエットが私のお遍路パンツと同じ！　サイドのポケットのふくらみ具合が理想的です。そうか、ミリタリー系で探せばこの型も出てくるかもしれない、と思いつき、検索をかけてみたら、落下傘部隊がはいているデザインが近いことがわかりました。もしも、現有パンツに何かあってももう安心。レディースミリタリーのカーゴパンツで探せば、世界のどこかにそこそこあるはず。迷彩で、ちょっぴりいかついですが、仕方がありません。

5 お参り関係の物たち

どんな道具がお参りに必要なのかは、『へんろ地図』と同じくへんろみち保存協力会が発行している『四国遍路ひとり歩き同行二人（解説編）』に書いてあります。おそらくそれがスタンダードとされている内容なので、一度は目を通してみるといいと思います。非常にまじめにちゃんとしたことが書いてあります。愛のある書き物なのですが、私には受け止めきれない部分もある。そこに書いてあるとおりの装備をしたら確実に修行のオーラが出せる。そういう意味では優れものです。

一方で、私が自己判断で用意したもの。まず、小さいろうそく。箱から必要な数を出して小さな密閉容器に入れて持ち運んでいます。濡れないように、折れないように、が大事。

お線香。いい匂いのものをスーパーマーケットで買いました。ラベンダーとかすずらんとかいろいろあります。これも、必要な数を折れないように細長い容器に入れて持ち運びます。

数珠。徳島の用品店で、言われるがままに買ったもの。

輪袈裟。首からかけるもの。これも用品店で言われるがままにいちばん安いのを買った。お遍路っぽさが出る唯一の用品かもしれない。

お経の本。お遍路用のもの。『般若心経』をはじめとする、お遍路さんが読むべきとされているものが書いてある。ネットで買った。

納め札。細長の短冊が百枚で一冊。弘法大師の姿が中央にあって、日付と自分の名前を書き入れるようになっている。お経をあげるとき、専用の箱に入れます。これは、ご本尊、お大師さんに、私来ました～とご挨拶するためのもの。初めて回る人は白札。回数が増えるたびに、カラーが変わっていく。はじめは日付と名前を手書きで書き込んで用意していったのだが、とにかく字がへたなので、もしご本尊やお大師さんが私のお札を見つけてくれたとしても「これ誰？」となっては、お参りしたかいもない。なので名前の部分に入るような縦形の名前ハンコを作った。年賀状を作るときも便利。お大師さんは弘法にも筆の誤りって言うくらいに字がうまいことで有名な人なのだから、注意したい。

納経をしていただくときやおさい銭用の大量の十円玉・百円玉。専用の袋に入れて、あまりチャリチャリさせないようにしている。

ライター。ろうそくの点火用です。飛行機持ち込みは一つまで。

これらをまとめて大きめのポーチに入れて持ち運んでいます。さらに納経帳は、厚めのビニール袋に入れています。

以上をぎっしり詰まったリュックのなかから出したり戻したりするわけです。一日に二カ所程度のお参りならまあいいのだが、都会的なところでは十キロ間に五札所など集まっているところもある。出したり戻したりの時間がもったいないので、行程によって、頻繁にお参りがあるような場合は、自転車用のメッセンジャーバッグを使っています。おなかに巻いて、お参り道具、納経帳、あとはお財布とかを入れます。そういうときは、リュックとメッセンジャーバッグの二個使いになります。一方で、三日歩いてお寺は一カ所というときもある。そういうときはお参り道具はリュックの奥で登場の日を待っている。メッセンジャーバッグは自宅でお留守番です。

このメッセンジャーバッグもネット通販で買いました。納経帳が大判ということもあり、これがすっぽり入っておなかに巻けてかつ雨に激強いという条件で探していたら、「アメリカ陸軍御用達の絶対防水素材の……」みたいな超強力なのが見つかり即買いしたものです。自転車関係装備は、強くて軽くて耐久性があるようで、まだいろいろ探してみたいものがあるエリアです。

札所のお寺に着いたら脱帽してサングラスも外す。ご本尊やお大師さんに会うまではもう少し。階段上り下りは足がガクガク。六十五番札所・三角寺で

6 最後の準備は自分自身

万全の準備をしたつもりで荷物を並べてチェックしても、直前の一週間くらいはモ

ヤモヤとした気持ちが湧いてきます。怖い。

いちばん読みきれず、準備が不安なのは自分の肉体で、生活のなかでの小さな身体トラブルも気になります。特に足と足首。愛媛を歩いていたとき、山道で滑って足首をひねったことがありました。そのときは、だましだましテーピングなどをして帰ってきたのですが、だらだら治らず、半年ほど違和感があるままでした。そのままスキーやらゴルフやらヨガやら筋トレをしたので、完治せず。次にお遍路に行く前はその足首が気になって、ヨガのレッスンも、ゴルフのレッスンもお休みしてしまいましたが、そうすると私自身が絶賛大増量してしまいます。ほんとはキレがいい体に仕上げてスタートしたいのですが。お酒も少し控えます。

スタート前の最後の休日は少しナーバスになって荷物を並べたり、シャンプーを詰めたりして引きこもっています。たまに地図を見たり、今回が無事に終わってからの次の日程を決めたりして、気を紛らします。歩き始めたらしんどいのはわかっているから、怖いし暗い気持ちになります。

スタート一日目が終わるとようやく気分が落ち着きます。

第3章

いちばん得意な運動、それは歩くこと

1 特技は、まっすぐゆっくり歩くこと

二〇一一年三月十一日。

東日本大震災のその日、私は仕事で上京していた。汐留にある企業の大きな会議室で全国から百人近くが集まっていた。会議が佳境にさしかかったころ、天井から吊った照明器具が大きく揺れた。机の下に入ってくださいと叫ぶ司会者。状況がわかり始めると、東北地方からの参加者の表情がみるみる険しくなっていく。涙を浮かべている人もいる。

再会を期して散会。私は築地にある勤務先の東京支社のビルへ急いだ。その日は、ビジネススタイル、スーツにハイヒールを履いていた。汐留から築地へ。興奮しているのか足は自然と

動いた。オフィスでもみな情報収集に忙しい。しばらくそこで待機し、ようやく自宅と連絡がとれて新宿のホテルまで移動。幸い青山までは地下鉄が運転再開していて、そこから新宿まで人の波に巻き込まれて歩いた。二時間くらいは歩いただろうか。ホテルの十階まで歩いて上がったときも軽い興奮状態は続いていた。

ようやく足を伸ばして、ベッドに横たわった。もしこの規模の地震が私の住む町で起こったならば、どうなるのか。会社から自宅までの距離を想定してみるが、正直、はっきりわからない。その距離を歩けるのかもわからない。だが、こんな場合、とにかくちゃんと歩けることと、どれだけ歩き続けられるのかが、行動の判断の決め手になることがはっきりわかった。自分の歩ける距離がわかっていれば、そのタイミングではステイなのかゴーなのか、誤らず判断する助けになるだろう。

何よりも、そのころは息子と二人暮らしだった。この子を安全なところに移動させてから、家と会社の間を徒歩で移動することも可能性としてはある。そのときに自分の脚力&スタミナをちゃんと知っていないと判断を誤る。

歩くことなら、やればなんとかなるだろう。もともと嫌いではない。走る、跳ぶ、スピードに対応する、私はどれもまったくだめ。しかし歩くのなら、やればなんとかなるのではないか。これを鍛えるにはどうすべきなのか。そんなわけでまず、ランニングを始めた。ちょうど太ってきた時期だったし。はじめは家の周りを三分も走るとダウンである。翌年の春は三キロのマラソン、秋には五キロと距離を延ばしていき、遅いなりに十キロまでは走れるようになった。

十キロでは心もとない。もっと距離を延ばしたい。しかし、体育館をぐるぐる回って距離だけ稼ぐのも味気ないし、登山は怖い。安全に長い距離を歩く方法はないかと思っていたら、二〇一二年だっただろうか、エミリオ・エステベス監督による映画『星の旅人たち』（二〇一〇年）を見た。スペインを巡礼中に息子が死んだという事実を受け入れていく父親の役を、エミリオの父であるマーティン・シーンが静かに演じていた。死んだ息子はもちろんエミリオ本人が演じている。

歩いて旅をするという方法があるのだと知って、あれこれ探してたどり着いたのが四国お遍路だった。

初めてのお遍路は二〇一三年の二月。一日に歩けた距離は十キロほどだった。それでも十分に達成感があり、根拠はないが、続けていけると自信をもった。とにかく、だらだらと歩くのを長く続けることなら、なんとかできるだろう。競争も締め切りもないのだから。

2　足が動かなくなった動物は

東日本大震災時のプチ避難によって足が大事であることをあらためて知った私は、もう足をないがしろにはできないと思った。なんせ、足が壊れたら逃げられないのである。これは野生動物と同じ。速くも美しくもなくていいが、使えるようにはしておかなければならない。

パンプスをやめた。ランニングシューズも、インソールをオーダーできることを知った。アマチュアランナーとしてランニングの研究に余念がない友人の弁護士のアドバイスのまま、インソールをオーダーした。昔からとてもアタマがいい人なので、私が疑念を挟む余地がないアドバイスをしてくれて、誤ることがない。お薦めのショップに行ってみると、シューズ本体より、インソールのほうがお高いと知る。でも、とてもいい履き心地だ。靴擦れなどしたことないし、快適。もうパンプスには戻れない。

少し走り続けると、三十分くらいは苦もなく走れるようになったが、今度は、ヒザが痛い。日常では経験したことがない痛みだった。またまた友人に聞いてスポーツ用のタイツがあることを知る。履いてみると快適。運動まるでダメな私がランニングシューズをオーダーし、専用のタイツを使っている。すげーかっこいい。

ランニングシューズは当時、中学生だった息子の足にもぴったりサイズだったので、いつも狙われていた。彼の目に触れないところに隠した。このタイツもサイクリングをする息子のターゲットである。土曜の朝、起きたら息子も自転車もタイツもない。キャンプをするとかで、そのまましばらく帰ってこないなんてこともあった。

そして、次にお遍路用の靴をそろえる。ものの本には、登山靴、トレッキングシューズなど、いろいろな靴の選択肢が書いてあった。靴擦れ対応だけで一ページを費やすガイド本もある。足はみんなにとってもトラブルのもとらしい。

ランニングシューズと同じ店でお遍路用ウオーキングシューズを選んでもらった。もちろんインソールはオーダー。本体は二年落ちデザインなので、インソールのおよそ半額である。中敷きが本体の二倍の値段。ある意味おしゃれ？　この靴は、徳島県からスタートして高知県を半ば過ぎたところで、かかとの減りがひどくて修理に出して貼り足してもらった。修理代は千五百円だった。そのあとは、高知県後半から愛媛県に入るまでの間で使った。

道後温泉に向かう前に、練習として近所の山を登っていたら、下りの滑りがひどくてグリップが効かないことを実感し、二号靴を作った。今度は、そのころブームが始まっていたトレイルランニング仕様のシューズを試してみる。くだんの弁護士ランナーが富士山などを走っていると聞き、山道&アスファルトの両方に対応するシューズを教えてもらった。そして、私の足形に合ったのがドイツ製である。靴紐は細くてクリップで絞めを調節するタイプ。滑らないし軽く、グリップもいい。靴擦れなんてあるわけない。

一つ、弱点があった。雨である。甲部分がおしゃれで通気性がよすぎるため、雨水が浸透してしまう。お〜し〜い。それでも、この靴はどこまで耐えられのか、もう少しやってみたい。雪解け期にみぞれのなかを歩いて、靴のなかがぐちゃぐちゃになったのにまだ懲りていない。高かったし。

仕事用の靴を選ぶときもソールや中敷きを優先し、ときにはオーダーもして買うようになり、いくら歩いてもマメも魚の目もなし。私たち世代の神パンプスであるイタリア製フェラガモは生涯に一度も履くことはないだろうに、ドイツ製のランニングシューズをオーダーとは、これも弘法大師がくれた「何か」なのかもしれません。

3　足のトラブル

前節で、靴擦れなどない！と豪語したが、靴由来の靴擦れがないという意味で、靴擦れ自体は起きたことがある。まず、足の指の爪がずれた。というかはずれた、剝げた。

三日間くらいの歩きならそうはならないのだが、五日間以上のときは、ほぼ剝げます。右足の第二指、親指の隣の指、手で言えば人指し指にあたる指の爪。歩いているとそれが、なんだか疲れるな、重いなと感じる。痛くはないのですが。帰ってきて一週間くらいすると、その爪の色が変わってくる。一カ月くらいすると、下にもう一枚爪がはえてきて新ツメがほどほどに完成すると旧ツメがポロッと落ちる。

最近では、できるだけ初日から、なんとなく重いようなときは爪と指をまるごとテーピングをして、いつまでもくっついていなさい、と強制するけれど、あまり効果を上げていないような気がします。おそらく、上からの重さ（自分&荷物）を感じながら、下からはアスファルトの圧を受けて、上から圧、下から圧、と何度もかかることで、爪が足にくっついていることをや

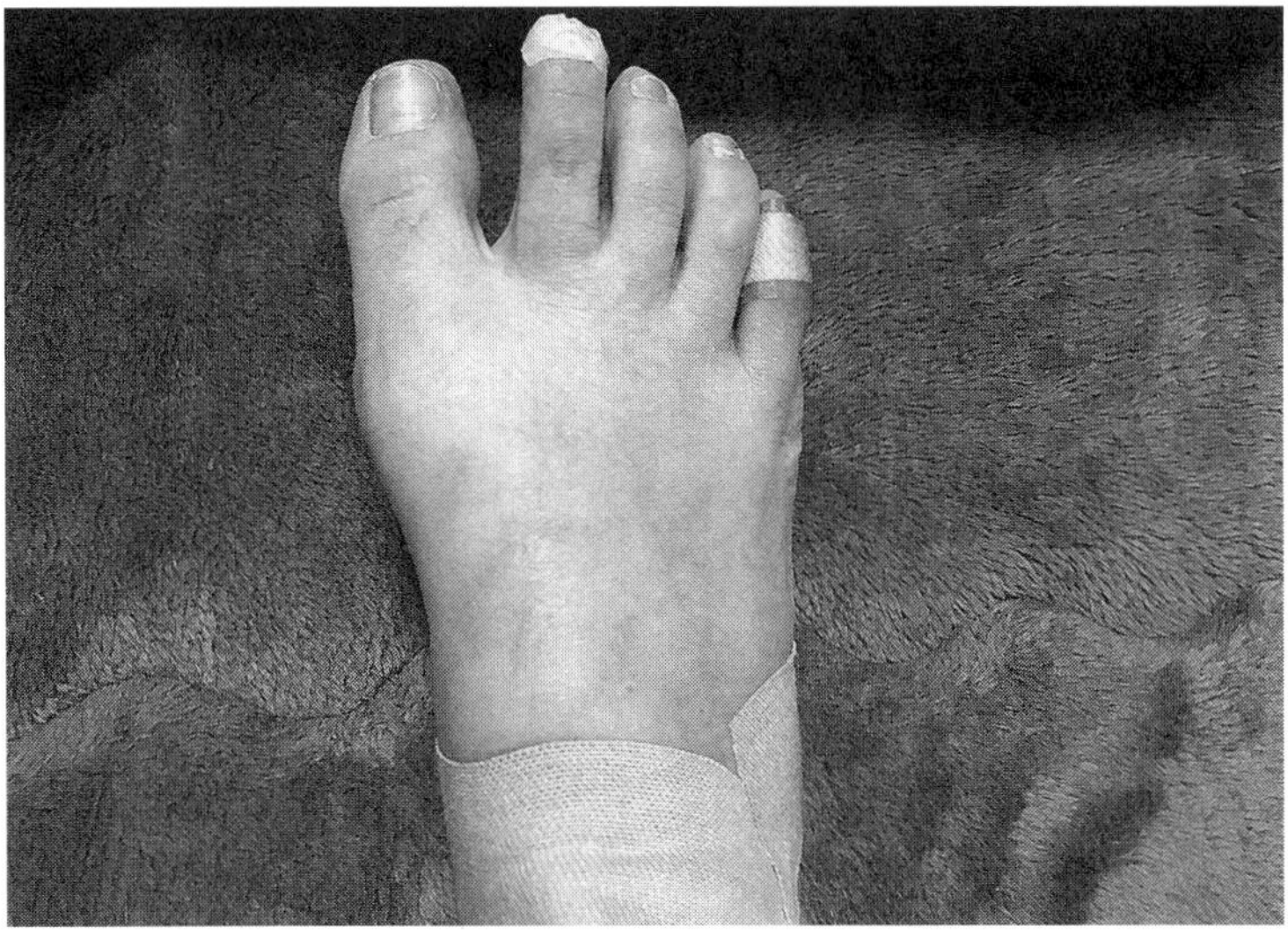

見よう見まねでようやくたどり着いた足ケア。足首と爪の保護がメインです。行程が進むとテーピングの量も増える

めたくなるのではないかと思います。でも、痛くはないです。

　足の皮がめくれたこともあります。これは自分のせいです。あるとき二日連続で一日に三十キロ以上歩く行程を組んでしまったことがありました。完全に調子に乗っていたのです。太ももやすねの筋肉痛は想定内なのですが、足の甲、土踏まずなどが、痛くて寝られない。揉もうが、スースーするクリームを塗ろうがどうにもならない。

　で、翌日ドラッグストアに立ち寄って、テーピングのテープを買ってみた。さっそく、休憩ポイントで荷物を置いてはだしになり、前に一度、スポーツイベントでテーピングのデモンストレーションをやっているのを見ただけの経験と、スマホで探したテーピングの動画を頼りに、自分の足の甲やら、土踏まずやらをぐるぐる巻いてみた。

なんとなくいいような気がした。二時間ほど歩いた。

ところが！　テープを巻いた部分がなんだか熱い。感じたことがない熱さに、胸をざわつかせながら靴下を脱いでみると、ベローンと一円玉大の水膨れ。テープと靴下が摩擦を起こしていたので熱かったのだ。皮はぎりぎり破れていない。お裁縫セットから針を取り出し、お参りセットからライターを取り出して針を焼いて水膨れから水分を出しました。ヤバンな方法ですが、しかたありません。

これは買ったテープのせいです。がっちりしっかり固定したくて「伸縮しない」テープを買って巻いたのだが、動く皮膚に対応できなくて、皮膚がひっぱられて水膨れができてしまったのだ。これはピンチ。

このまま歩いてもドラッグストアにはこの日はもう出合わないような気がする。スーパーもないかもしれない。ケアする用品の仕入れは今日は無理。水を抜いた皮を剥がさないようにして、上にガーゼを巻いてピチピチにしすぎないようにできるだけ優しくテープで押さえて、靴下を履く。完全にもうだめな人の体勢で歩きだした。

宿に着くと、風呂に入ってヒリヒリして、持っているケア道具で、あらためてバイキンを防いだ気になって、明日の朝は皮膚も乾いてますようにとお祈りして、寝た。もちろんそう簡単に皮膚がはえてくるはずもなく、昨日同様、ガーゼを上から当てて、優しくとめておく程度の手当てで、しかたなく宿を出た。

三時間ほど歩くと、日頃の私のおこないがいいおかげだろう、大型ドラッグストアが現れた。私の地元でよく見る赤い鶴のマークのグループ店舗。毎日ツ◯ハ！

「伸縮する」テープと、初めて「塗る絆創膏」というのを買いました。「塗る絆創膏」最高です。木工用ボンドみたいに乾くと透明になって、膜ができる。けっこう丈夫な膜です。この膜作戦と「伸縮する」テープを、再び動画を見てインチキな感じに巻いて、残りの行程はなんとかなりました。

その後、私のお遍路用の手帳の「忘れてはいけないこと」の項目に、「1、テープは伸びるものを使う」と書いた。

帰りの飛行機では必ず「帰ったら、テーピングの教室とか、そういうのを見つけなきゃ。せめてそういうMOOKとかあるはず。「ターザン」の特集とかバックナンバーとかに」と思うのだが、ここが愚かなところで、すぐ忘れる、喉元過ぎたらなんとやらです。

忘れる。最近は何でも忘れる。テープを買うのを忘れるし、もし巻き方を習ってもすぐ忘れる、はず。なので、テープはこのごろは必ず持っていくのですが、伸縮テーピングのテープは、大きめで切れ味がいいはさみで切るタイプの商品が好きで「はさみ機内持ち込みダメですよ」という決まりに阻まれ、現地ではさみを買って、現地空港で没収される。四国の三つの空港ではさみを没収された。

今後は、「三十キロ以上の歩き、連日はだめ」のルールを守ることも大事です。

お大師さまは、私が調子に乗らないように一円玉の水膨れとなって一緒に歩いてくださったのでしょう。そして人生のなかの二日間、水膨れをどうするかだけを真剣に考えたというのも、ある意味、幸せなことです。

4 みかん道

お四国で好きになったものが、みかん、というか柑橘類だった。お遍路道が、みかん畑のなかを公式ルートとして通っていることもよくよくあるし、民家の庭の木にもいろんな種類の柑橘がぶら下がっている。その家の人が採って食べているのかよくわからない。そもそも、一本しか植えてなくても、そこになっている実は家族で食べきれる数ではないように思う。熟した柑橘が、地面に無造作に転がっていることもよくある。

私が住んでいるあたりは、みかんはならない。なので、冬のはじめに段ボールで冬みかんを買って、玄関などの寒いところに置いて冬を越すのがぜいたくだった。だから、冬みかんが唯一よく知っているみかんだった。冬以外には硬くてやや大きい夏みかんなどを食べることもあったのだが、スーパーで普通に手に入るものはお値段のわりに酸っぱくて、積極的にいただくほどではなかった。

ところが、お遍路道は柑橘類だらけ。畑の片隅の小さな箱で、無人で売っていたりもする。小さめのが五個くらいで一袋になっていて、三百円くらい。小夏のような小さなサイズのものも、文旦のような大きなものもあり、季節ごとに種類が変わっていく。歩いていると疲れてくるし、水分もとりたくなるし、酸っぱいものもとてもほしい。が、躊躇して、五個入り袋に手を出せない。いますぐ一個食べるとして、あと四個どうするのか。重いし、これ以上荷物を増やしたくない。かと言ってあと四個捨てたりなんかできない。だから買わない。

宿が近いことがわかっているとき、一度だけ買ったことがある。宿に着いて食べたけれど、一度に何個も食べられるようなものでもなし、翌日歩いている途中で一個、宿について一個、そのさらに翌日も昼間に一個、夜に一個と食べた。みかんだらけ。でも、おいしいですよね。

徳島県から高知県にかけてはお接待をいただくことが多く、その多くがみかんがらみになります。歩いていると、後ろから小さめの車が追いかけてきて、私の横で止まって窓を開けて「何もないけど、みかんあげる」とくださった。雨のなか歩いていて、止まった車が窓を開けてみかんをくれたこともある。「もう少しだから」と励ましてくれたので、お礼を言った。雨でリュックも下ろせないので、雨具のポケットに入れて、小雨を待って歩きながら食べた。

国道を歩いていて、路側帯で休もうと思いそちらに寄っていくと、みかんの収穫帰りのおじいさんの軽トラも休んでいて、採ったばかりのみかんから四個くれた。お礼を言って歩いていったら、向かいから逆打ち（八十八番札所から一番札所に向かって歩く逆進行お遍路）が歩いてきたので、二個その人にあげた。そのまま宿に入ったら、翌日その宿のおかみさんが持たせてくれたお菓子や飴なんかが入ったお接待袋にもみかんがあって、在庫が三個に増えた。

また、別なときには、寂しい国道を歩いていると、追い越していった車が二百メートルくらい先で止まって人が降りてきた。「お～い、置いとくよ～」と叫んでいたが、よくわからずに手を振ったら行ってしまった。その地点まで行ってみると、歩道の上にきれいな文旦が一つ置いてあった。文旦など、私の住む地域ではスーパーの果物売り場で、高い果物棚に紙で包まれて、神々しく売っているようなものである。それが歩道にぽつんとあるのは、とても不思議な光景だった。

文旦はとてもうれしく、その日は午後から峠道だったので、頂上での休憩でいただいた。だが、文旦とはとても大きいので、半分でかなりおなかいっぱいになった。このまま持っていても干からびてしまうと思っていたら、とても足が速いおにいさんのお遍路が通りがかったので、残りの半分をさしあげた。喜ばれてよかった。

このとき、文旦の魅力に取り付かれてしまったのだが、その後、文旦を作っている村にさしかかった。とにかくそこは、三時間くらい進んでも進んでも文旦畑のなかという、極楽もかくやというところだった。農家から郵送もできるらしい。

優しそうな女性が選別作業をしている農家さんで、郵送の手続きをした。料金表では、ご進物用と自宅用に分かれている。自宅用も大きめの玉、小さめの玉に分かれている。進物と自宅

徳島で。左は宿で、右はお接待でいただいたみかん。食べても増える不思議なみかんたち

通り過ぎた自家用車が置いていった文旦。グレープフルーツよりひと回り大きい

の差は文旦の表面のきれいさ、大きめ小さめでは甘みの差があるので、お好みのほうを、とのこと。実家にも自分の家にも、自宅用のいちばん小さい箱で送ってもらうことにして、二千円くらいを払ったと思う。おいしそうなのをおまかせで詰めて送ってくださいとお願いして、また歩きだした。お接待として、文旦を一つ持たせてくれた。

家に帰って届いた文旦にびっくりである。デパートで売っているようなツヤツヤの文旦が二十個は入っていた。実家の母もびっくりしていた。

小夏を知ったのもお遍路道だ。小ぶりでまん丸。レモン色。色だけ見るととても酸っぱそうなのだが、食べるとそんなことはない。これは、道の駅から職場に送ったら女子に大人気。文旦も、小夏も、デコポンも私が住む町ではあまり見かけない。

スーパーの果物売り場で四国のみかんを見かけたときは、静岡県や熊本県には悪いけれど最優先で買わせてもらうことにしている。だけど、意外なことに宿の食事に、地元のみかんがつくことはほとんどない。どこかからきた青いメロンなんかがシャレた感じでついている。季節のみかんでいいのにね。

5　ビューティースポット問題

四国の風景は美しい。山道沿いの竹林の美しさ、夜明けの海岸線、田んぼに舞い降りた白鷺、

四国の川はどこも美しい。四国の人たちはそれに気がついているのかしら

白鷺みたいな珍しい鳥が、街のなかの田んぼにワサワサ降りてくる

清流四万十川。

カメラを持っていくかどうか迷います。確実に重いし、充電器も必要だから。ミラーレス一眼レフなんかを買ってしまったときがあり、うっかり持っていってしまいました。小さい望遠レンズも一緒に。

そのときの行程は、高知県の海岸線を、東から西に歩くルートでした。室戸を越えたらずっと海岸線&海岸線。写真を撮るのに絶好のポイントが続きます。が、そのルートはずっと海岸線なので、ずっと同じ構図です。左側が海、右側が陸。そのうえ、高知市内に入るころには大雨にやられてカメラを出すどころでなくなり、ただ重いだけ。

写真を撮るたびに足を止めるので、歩く速度が落ちます。首から提げると疲れるし、手に持つと落としそうです。だからリュックに入れると出すのがもう面倒。

その後は、やっぱりスマホで記録でいいやと、割り切ることにしました。

このミラーレス持参には一つ言い訳があります。このとき、二月でした。そのときのお遍路のルートに阪神タイガース二軍キャンプ地、安芸市がありました。半日だけそこに立ち寄りました。掛布雅之さんが臨時コーチに就任した年です。真弓明信さんが視察にきていました。このときのお遍路は高知までで終えて、特急とレンタカーで宮崎県まで行き、日南球場で広島東洋カープのキャンプを見ました。新井貴浩選手が28番をつけていた年。そこで復帰カープでのホームラン一号を見ました。これぞビューティフィースポット。

カメラも望遠レンズも持ってきてよかった。

6 お遍路と鉄道

一回に数日間ずつ行程を進む区切り打ちの場合、スタートのポイントまでの往路とゴールのポイントからの帰路が案外重要です。ゴールポイントをとんでもない山のなかに設定してしまうと、次回のスタート地点も山のなか。そこに行くまでに丸一日かかる、などということにもなりかねません。

そういうときは欲を出さずに、まだ歩ける時間は少しあったとしても手前でやめて最寄りの鉄道の駅やバスのターミナルでコースアウトしておく。次回は、その駅やターミナルからスタートすればいいので、アクセスを決めやすいのです。そんなわけで、『へんろ地図』の行程のページ内に鉄道の表示が見えているときほど心強いものはありません。なにがあっても鉄道で対処できるからです。

徳島県の一番札所・霊山寺をスタートしてから、しばらくは鉄道のアクセスが悪くない状況が続きます。お遍路の初めての難所、十二番札所の焼山寺はこれまでずっとそばにあった鉄路を背に山に入るため心細い気持ちになるのですが、山を下りたら駅がある。鉄道がある。ましてや徳島市という都会が待っているのです。再会を期してのお別れです。

徳島市内を過ぎると、鉄道とお遍路道とは近づいたり離れたりの併走状態です。もし、途中で倒れたら、怪我をしたら、熱が出たら。鉄道があれば駅舎までなんとかたどり着けば、たとえ、その日の終電は終わっていてそこで眠ってしまっても、翌日には電車がくる。この安心感。

それら小さな町の鉄道は、JR四国が手放して、地域会社によって運営されています。小さな鉄道のメインの乗客はほとんど学生さんで、まれにお遍路さん。学生さんたちもいずれ町を出ていくでしょうし、免許をとって自分の車を持つでしょう。小さな鉄道はいずれバスに転換されることでしょう。バスは乗降自由エリアなどもあり、住民の方には慣れた足なのでしょうが、初めての旅人たち、お遍路さん、ましてや増えつつある外国人お遍路さんには、路線図も時刻表も難解だったりします。

私が住んでいる地域もJRのあり方がいつも話題になり続けているので、四国の鉄道の姿はひとごとではありません。雪が降らないだけ、維持費のハードルは低いのでしょうが。今後、世界中からお遍路をする人を集めるのならば、頼りになる鉄道にはがんばっていてほしいのです。

7　いのちの水

歩いていると、どんなに寒い時期でも意外に喉が渇きます。

こまめな水分補給は大事、とよく聞きます。私が運動での水分のとり方を自分なりに覚えた

十二番札所・焼山寺への山道。焼山寺は「遍路ころがし」（断念させる）として知られる。13キロの山道に6時間を要した

同じく焼山寺。「遍路ころがし」などという恐ろしい名前を前にして、このためだけに２泊３日の行程を組んだ。ぐったり疲れて、このあと続けられるのか迷った

のは、ホットヨガのレッスンででした。湿度が高く、温度も高いレッスンスタジオでの六十分間ほどのレッスンで、インストラクターは必ずこまめな水分補給を促します。でも、冷たい水はあまりよくないと言います。せっかくの温かい部屋で、血管も筋肉も温まって発汗を促しているのに、冷たい水を入れると体内の温度が下がってしまうからです。

体のなかの水分量を一定まで足してやると、もう入っていかないというタイミングがわかってきます。一方で、足りないときはひと口飲んだだけで血管の隅々まで水分が入っていくのがわかる。運動が苦手で育ってきた私は、汗をかいたり体内に水分を入れるという体験さえ、ずっと大人になって四十歳近くで初めて覚えたことなのです。

歩いていると、この体験が非常に役に立ちました。喉が渇いたと思ってから水分を入れても、なかなか染み渡った感じにならない。飲みすぎてもただ出したくなるだけで、体のなかに滞留した感じがしない。

また、水分だけを入れすぎても、かえって乾いた感じになります。ミネラルのようなものも入れたほうが楽。でも、濃すぎるものは、内臓の負担になるような気がします。

歩いていると、赤いコカコーラの自動販売機がどこにでもあります。五分に一回くらいしか車が通らない、国道沿いの昔は鉄工所だったようなところにも、赤い自販機だけがポツンと立って電気がついていていました。

でも、ゴミ箱は同じ数はありません。だから自販機で買ったときは、捨てられる場所まで空のペットボトルを半日持って歩くことになることもよくあります。この赤い自販機、ゴミ箱やトイレまで作ってくれたら、そしてその管理や維持の費用を出してくれたらもっと愛される会社になるだろうに、なんて思うこともあります。

自販機はとても便利です。夏の暑い時期は一日二リットルくらいを買うことになります。でも五百ミリリットルボトルはけっこう重いです。だから、予備で持つことはあえてしません。

お遍路を始めた当初は、欲張り心や不安から大きめの水筒を持って歩いていました。五百ミリリットルの大きさです。ですが、意外に重いし、ふたの構造が複雑すぎて、洗うのが大変。手に持って歩くにもかさばります。最近は、リュックにボトルをつけてストローで吸い上げるような便利な装置もありますが、お遍路にとっては宿でそれを洗うのがけっこうやっかいです。

いまはいちばん小さい、二百ミリリットルの水筒を持っています。ふたの開け閉めの単純な構造で、マグカップ一杯分くらいの容量です。朝、宿を出るときに、暑い時期ならこれに冷たい水を、寒い時期なら熱いお湯を入れてもらいます。さらに、暑い時期ならば、自販機で冷たい水を買います。冷たいうちに水筒に水を追加し、ペットボトルに残った水を先に飲んでいきます。冷たい水も、常温水もどちらもキープしたまま歩くようにします。汗の出し方で体温調整をするためです。

冬の場合、朝に入れたお湯は、昼ごろまでは十分な温かさを保っています。こちらも途中の自販機で熱いお茶などを買い、あたたかいままに水筒に入れます。ペットボトルに残った熱い飲み物を冷めないうちに飲んでいきます。

道中の民家の屋外の洗い場で、湧き水を引いた蛇口から水をもらうこともあります。畑仕事をしている人に声をかけて、奥さ〜ん、お水、いただきま〜す、と断ってから水筒に入れます。冷たくておいしい水が出ます。水道水じゃないよ、と言ってくれる人もいます。こちらのおたくで飲んでいるなら、私も大丈夫です、と言っていただきます。いまのところ問題なし。

小さい水筒のいいところは、ポケットに入るところです。カーゴパンツの膝横の大きなポケットに入れておくことが多いです。これだと歩きながらでもひと口だけ飲める。

寒い時期に、ほっと温かいお湯を飲める。暑い時期には冷たい水が水筒一杯分だけある。これだけでずいぶん心が落ち着くのです。

暑い時期は、スポーツドリンクのパウダーも意外に便利です。水筒の水に少しだけ足しておくと、飲めば生き返ります。まれに、コーヒーを水筒に入れたくなってしまいます。いまはコンビニでドリップコーヒーを足せますので誘惑に負けて入れてしまうこともあるのですが、これまた洗浄が大変です。匂いが残ります。コーヒーは、買ったらゆっくり座って飲むのがよろしい。そんな余裕があるお遍路はなかなかできそうにありませんが。

8 お遍路とお肌と毛

お遍路はだいたい朝七時前に出発で、日没までずっと屋外です。私は日光で湿疹が出るので、日焼け対策はかなり厳重にしているつもりです。顔は、無色のSPF25、肌色のSPF25、無色のSPF50の三重に日焼け止めクリームを塗り、SPF50パウダーでこまめに直します。手は、ローションタイプの日焼け止めに手袋です。夏でも手袋です。甲の側がUVカット繊維でできていて、手のひらがメッシュタイプの手袋も使います。どんなに暑い時期でも長袖アンダーシャツ。これにTシャツやポロシャツの重ね着です。

暑さ一瞬、日焼け一生。そして発汗で体温調節します。こまめに飲みます。

宿に入ったら、できるだけシートパックでお顔のお手入れをと思うのですが、疲れてさぼってしまうので、三日に一回くらいです。途中のコンビニやドラッグストアでシートパックを手に入れることができて、気が向いたら、そして宿で何もすることがなさそうな場所だったら使います。家に帰ってくると、鼻やあごなどの皮がむけていることもあります。ずっと同じ方向をめざして歩くので、顔の半分だけ日焼けしていることもあります。

これだけ厳重に肌ダメージの対策をしても、まだ傷むところがあります。単純に私のそこが、太いからです。

いわゆるスポーツ用のタイツというのがあります。膝や筋肉のサポートをする機能がある圧のかかるタイツで、膝の保護などのためランニングのときに使います。はいているととても安心なのですが、お遍路にはこれは向かない、私にとっては。私の足のいちばん太いところ、つまり太ももの付け根では、圧が強すぎて、かつ、使う時間が長いので、皮膚のやわらかい部分の摩擦がひどい。はいたまま三十キロを近所の練習ウォークで歩いて、がっつり皮膚がめくれてしまったことがありました。そうです、股擦れです。

皮膚科に行って、なぜこうなったのかを小さい声で説明して、ええ、ちょっと、長い距離を歩きまして……。ドクターはあまり深く聞くこともなく、強力な塗り薬を出してくれました。すばらしくよく治ったのですが、この経験から、摩擦部分についての対策もひそかにばっちりになりました。

まず、毛の問題。これも擦れるのです。なのでVIO脱毛をします。わからない人は「ホットペッパービューティー」で検索。

私の場合、今後ビキニでビーチをどうこうする予定はまったくないので（日光湿疹だし）、お遍路に行く前にだけその対策をすればいいので、長期の契約はしないで、短期でできるコースの契約です。毛関係のサロンはなかなか営業が強力なので、長期お安いですよ、つるつるですよ、と勧めてくるのですが、なんとかそれをかわしかわしして、ここまできました。

いくつかサロンを渡り歩き、その間に機械の進歩、脱毛光線の進歩など技術の進歩を見守りました。当初は、すごく大きな機械で「バリ、ピカッ」とされていたのが、最近ではコードレスで「チクッ」です。サロン経営って、家賃＋人＋機械＋宣伝が経費と考えると、機械の値段は劇的に下がっているようで、地下鉄広告で見る激安サロンはこういう機械を使うんだなーと

季節の花や小鳥、果物に目を楽しませながら歩く。四国のアジサイはたわわ

わかります。

こちらは、施術台の上で目隠しをされて（レーザー・光を避けるため）身動きがとれない状態ですし、担当のエステ技術者が、お客さま、次はこの部分のお手入れいかがですか、とか、いまならお肌のケアもお安くしています、シミもきれいになりますよ、とか、うちは脂肪を取るのもお安くて、などとじわじわ勧めてくるのを、いえ、いまは、はい、と優しくかつ、きっぱりと断っているとメンタルが鍛えられます。確かに、私のボディーには問題が多いので勧めるほうは楽よ。

そんなときに、付け加えるといいのが、この施術の目的が運動であること。運動をするためにこうして脱毛しておくといいんですよ、ヨガのためです、と伝える。うそじゃない、ヨガやっているし。若いエステティシャンはたいてい納得してくれます。それでも、引き下がらないときは、登山。これは若いエステティシャンには未知の世界なので深掘りしてこない。うそじゃない、お寺は山の上だし。この客は美容の目的じゃないなら攻めどころがない、とわかる。お遍路というワードだとかえって説明がややこしく、セールスモチベーションをくじくのは遠回りになりそうなのでいろいろと気を使うのです。そんなわけで、毛の生え替わりの周期などもわかってきて、出発の何日前までにサロンに行くべきかなど、自分なりのデータができました。

それから摩擦予防としては、ワセリンが便利です。ワセリンの使い方を覚えました。長距離陸上選手が脇に塗っていると知って応用です。朝の準備のときにはもちろん、途中でも気がついたときに塗っておきます。もちろん、下着との相性もいろいろ試します。摩擦係数最小化です。トイレタイムには、日焼け止めパウダーとワセリンが活躍します。

このあと、私が下半身シェイプアップの個人トレーナーなどを雇って、ほっそりかつすっきりの菜々緒さんみたいな脚になることも、可能性としてはあるのかもしれませんが、これはヨガを鍛錬して空中浮遊にたどり着くほどの確率なので、ワセリンとかサロンハンティングなどで対処するのが現実的なところだと思います。歩けば歩くほど、たくましくなっちゃうんだもの、どうしようもないんだもの（言い訳）。日焼け止めはばっちりしていくのですが、いわゆるメイクアップというものはしません。人に会わないから。道中は自分の顔を見ることも減るので、うっかりするとひどいことになりがちです。特に眉毛。朝、暗いうちに用意をして日の出とともに出るので、薄暗い部屋に電気をつけて準備することがあります。そんな朝は手元の小さな鏡を見ながら手探りで日焼け止めをペタペタ塗ります。

その日、歩いている途中のコンビニの大きな鏡で、ギョッとするような自分の顔を見ることになります。そこから半日は、なんだか人目を避けるような態度で過ごすことになります。というか、たいして誰にも会わないのですが。宿に入って、せめて眉毛くらいは整えて、翌日は眉毛だけ描いて出ます。

こんな調子なので、帰り道に空港のトイレに入ったとき、非常に困るのですよね、ひどくて。サングラスかけたままで、どこにも寄らずに家に帰る努力をします。

9　歩きながら考えること

歩いているとき、何を考えているのか?とよく聞かれます。

世界の平和とか、国の安泰とか、自分の来し方を省みるとかそういうことを答えてほしいのだろうとはわかっているですが、何も考えていないです。その日一日が終わったとき、無事に終わってよかったなーくらいは思いますが、人生の反省をするとかいう余裕はないです。疲れすぎて。

歩いているときは、道を間違えないように、がいちばん。早く着かないかな、まだかな。トイレの場所を見逃さないように。これで六割。

午後になると、脚が痛い。脚が痛い。背中が痛い。荷物が重い。こんなのばっかりです。海がきれいも一瞬だし、だんだん海ばっかり、まだ海か、港町はどこだ、になるし、山道は足元ばっかり見て、滑るの怖い。虫や小動物注意。くもの巣や笹にも注意、です。

国道を歩くときはトラックの排気ガスがプンプンで、トンネルはひたすら早足。雨は泣くしかない。

そんななかで、花が咲いているのを目にするとうれしいものです。四国は気候が温暖な場所ですから、冬でも花が咲いている。

椿の生け垣で両側が壁になったような田舎道。道の上にも椿の花が落ちて真っ赤になっています。桜まじりの風。文旦みたいに大きなアジサイが垂れ下がる民家の庭。大きな池の周りに咲く菖蒲。お寺で出迎えてくれる藤棚。

普段の生活のなかでも、花は咲いています。でも、見る心になっていないのです。十五分後の約束事が気になって。歩いているときは、ほかにすることもないので、花を見るしかありません。花を見たら、それを着物の柄にすることを歩きながら考えて半日過ごします。椿の花の柄の着物は小紋にしたい。黒地に赤椿は美人に似合う。薄緑の染地に白椿なら付け下げ、春のお茶会。帯の柄にするなら名古屋帯で気軽に使いたいけど刺繍にしたい。長羽織もいいかもしれない。桜の柄の着物は平凡すぎるか？　友禅だったらとても高いだろうし着ていくところがない。夜桜ならすてき。銀鼠の地がグラデーションになっていて、はらはら桜の花。印象的すぎて、春に一度しか着られない。そのわりには高い。これは銀座か赤坂のお姉さんの着物だわ。ウ〜ン。アジサイは浴衣の柄か単衣。半幅帯は紫色の博多、青い夏帯ならしっとりと、いっそ濃紺の夏帯ほしいなあ。菖蒲の着物はいつか着てみたいけれど、染めはぜいたくすぎる、三週間も着れない夏着物だもの。藤の花ならどうだろう。ゴールドの地に藤の花が咲いている、ウ〜ン、藤あや子の簞笥にありそう。

こんなふうに、ボーッと考えていると、脚だけは動かして二時間くらいは持ちます。アタマのなかで着物を仕立てるとして、相談すべきお店と生地と絵付けの手法と、合わせる帯の可能性を三パターン考えて帯締め、帯揚げ、半襟の色、髪の形、バッグにぞうり。総予算を考えて、これは全然無理なミッションだとわかり、せめて手持ちの何かをどうにかすれば……こんなことを半日考えて、できるだけ脚が痛いのを忘れるように、アタマのなかに暗示をかけます。

たまに飛んでくる小鳥も同じ効果があります。ウグイスやキツツキ。小鳥の着物はあまり見ないけど、あったらかわいいです。

10　こんなものがこんなところに

歩いていると、ギョッとするようなものを見かけることもある。お花以外に、それについてもややしばらく考え続けて夕方になる。

愛媛県の最高峰である石鎚山は、その麓にいくつも札所をもつ霊験あらたかなお山です。弘法大師も修行した山です。ここに向かって歩いていたときに出合ったのが、「平家供養」と彫られた新しい石碑でした。私にとって源平合戦は読み物のなかの話だったし、平家は特に時代と時代の境目の谷間の時期というか、平安時代でも鎌倉時代でもない時期の存在で、ひたすら諸行無常のひと言で終わらせてしまうような存在で、「こんなところになぜ？」が止まらなくなりました。建立時期は一九八〇年前後のようです。壇ノ浦の合戦千年のメモリアル？　平清盛生誕記念？　謎は深まるばかり。しかしながら、そこは瀬戸内海から石鎚山を越えて落人とされた人が隠れ住むには十分な山奥なので、何かいわれがあるのでしょう。それをそのころになってなぜ建てたのか。

四国も愛媛県、香川県などの瀬戸内海側は源平関係の伝説も多いようですが、高松市の八十四番札所・屋島寺の椿も忘れられません。ここは屋島の戦いで有名なところで、平家がこもった屋島に義経が攻め上がった激戦地。お寺の脇には武士たちが刀を洗ったとされる池もあるっ

八十四番札所・屋島寺。源平の合戦があった場所。広い落ち着いた境内。高松市内も一望できる

てことで、とても生々しいのです。私が訪れたのは十二月の寒い時期でした。お寺に向かう参道の両側には椿が植えてあります。高松は椿が有名らしいです。ここの椿は参道の片側が白椿、もう片側が赤椿。源平の合戦といえば、紅白戦の発祥と言われています。椿は散るときに花ごと落ちる、つまり首から落ちるとされる花。季節がきたらこの参道には赤椿、白椿の壁ができてどちらの花も花のままポトッと落ちる。こ、怖いです。

もう一つ、源平のころの遺跡としては、崇徳天皇の御陵がある高松市の八十一番札所・白峯寺があります。天皇vs上皇、源氏vs平家など皇位を中心に入り乱れた当時の闘争に巻き込まれて、崇徳天皇は若くして香川県にやってきてここで亡くなっています。平安時代のピークに書かれた『源氏物語』では、京から貴種が流されていくのは兵庫県明石で、そこが当時は地の果て扱いだったのが、そこから二百年ほどたつと海を渡って香川県高松になります。私は学生時代は奈良に住んでいましたので、御陵は周りにたくさんありましたが、宮内庁管轄だろうに山の上にひっそりとある崇徳天皇の御陵は胸がつぶれそうになります。高松宮（高松市の高松ではなくて、昭和天皇の弟の高松宮）によって崇徳天皇の慰霊の塔が建てられています。忘れられているわけではないようで、少しホッとします。

かと思えば、香川県に入ったとたんに乃木大将追慕碑。乃木希典は香川県善通寺市の師団にいたことがあったんですね。追慕碑。いなくなって寂しい、思い出したいってことでしょうか。御代が代わるたびに誰かがいなくならないいまはいい時代なのでしょう。七十五番札所・善通寺は宿坊に泊まりました。朝早く宿坊を出るとお寺の前を迷彩服の自衛官が自転車で出勤していきます。善通寺の大伽藍の真ん中を横切って爆走する自衛官たち。四国はホントにパラレルワールドです。

崇徳天皇陵がある白峯寺付近は、市民向けの遊歩道にもなっています。小学生の総合学習の時間なのでしょう、私が行ったときには集団で歩きにきていました。学校教育で宗教やら皇室やらを取り上げるのは難しそうで、この遍路道を教材にして、仏教についてでも天皇についてでもなく学ばせるのはどうするのか、ゆっくりと一団の後ろを歩いていくと（長い行列なので追い越せない）山にある花とか木、動物とか虫とかについて話を進めていました。しかしこの子どもたちは、この山に入るのはこれが一生で一度、ひょっとしたらこれで最後かもしれないし、となると遍路道の意味なんて知らずに成長していくのかもしれないとも思います。

七年半以上にわたって歩き続けた間に、増えてきたのが「お遍路を世界遺産へ」という動きです。ノボリの数が毎年増えている。トイレの整備、ガイド本や道路標識、鉄道・バスの表記の一元化や多言語化など課題は山積みですが、文化遺産として登録するのならば、これらの設備や案内の整備は欠かせないわけで、それらの予算や手段をもっている人材と、動機と目的が四国のなかにあるのかないのか。外国人の熱心で楽しそうなお遍路さんをがっかりさせたくないものです。

11　そしてやってきた勝負のとき！

ということで、だらだらと、歩くことを続けてきたわけですが、その成果が試される「本番」が突然やってきました。まもなく最後の県になる香川県に入るお遍路旅の三カ月前、二〇一八年九月六日、私が住む北海道に震度七の地震が起こった。北海道胆振東部地震である。多くの人が真夜中に突然命を落とす痛ましい地震でしたが、震度七のエリアは広くはなくて、多くの道民が共通に体験したのは直接的な揺れによる家財などの破損はもちろん、それに続いて起こった停電でした。地震直後からの停電で、町のなかは真っ暗。やや明るくなってきた早朝、会社から電話があり、私は自宅待機（来るなの指令）となりました。うちから会社までは地下鉄で七駅、豊平川を越えて通う道のりで、信号が止まってバスもなく、自家用車は中心街にある私の会社の社屋近くに止められるメドなし、というか乗っていくと迷惑でしょう。というわけで九月六日当日は、ガスコンロでごはんを炊き、お湯でカレーをあたためて食す、「いつものダラダラとした休日」として過ごしましたが、とにかくヒマなので翌日はなんとか出社したほうがよろしかろう、と思い始めた。会社までは十キロ弱、お遍路ならば、朝に宿を出て初めての休憩ポイントの設定地点くらいまでの距離である。距離的には余裕、かなり自信がある。私は朝五時に起きて、再びガスコンロでごはんを炊いておにぎりを作り、水筒に水を入れ、テーピングや一泊お泊まり用具も入れて、六時に家を出た。この装備で、十キロ無補給でいけるはず。途中、コンビニも自販機もなくても会社に着けば大丈夫なはず、と勇んで家を出た。が、三キロ、四十分ほど歩いた幹線道路のコンビニは絶好調で開いており電気も復旧している。ここで携帯食を仕入れてもう二十分ほど歩くと車もガンガン通っている。タクシー会社の前を通ると、スタンバイ中のタクシーがドライバーさんの到着を待っている状態。稼ぎどきとばかりにピカピカのタクシーたち。これは、ここで待っていれば必ず乗れるだろうと思い、並んでいると私の前で待っている女性が、私と同じ方向に行くとのことで相乗りをお願いし、二十分ほどで会社の近くまで着いた。相乗りの女性は出勤のタクシー代を会社が出してくれるそうで料金の割り勘も辞退され、私はこのどさくさにタダで出勤できたことになる。朝八時、無人のオフィスに到着、わずか五キロも歩かずに。昼には地下鉄も復旧し、普通に家に帰れた。

こんなときのために足腰を鍛えてきたけれど、今回震度七でもそれほど実力（？）を発揮できず、不穏当な考え方でしかないけれど、無念である。そしてこのあと私が暮らす地域にはこれ以上の大きな地震や生活上の障害は起きないだろうと信じて、「実力出せなくて、残念よ〜ハッハ〜」という気持ちである。

しかしまあ、朝六時から、歩きでも目的地に着けると信じて、家を出られる自信と実績を積み上げたということは、残りの人生を過ごすうえで役に立つだろうと思っています。

第4章

あじさいに降る雨も、ミカンの葉を照らす陽も

1 室戸に伏す

室戸岬に向かう道での心細さを強く記憶している。室戸で起こったできごとがいくつも積み重なって心の中にあるからだと思う。

室戸岬には二十四番札所・最御崎寺がある。空海が「空海」という名を付けたという洞穴・御蔵洞があって、お遍路では重要なポイントとされている。その洞穴から外を見ると、海と空しか見えないから空海。実際にそうだった。

二十三番札所・薬王寺と二十四番札所の間は七十五キロあるうえに、宿も休憩所も商店も少ない。町も少ない。ずっと左側が海、右側が陸、という風景である。陸だけれども山が迫って

二十一番札所・太龍寺に向かう途中の竹林。曇天で薄暗い。このあと雨が降りだす

いて、ここを歩いていて大きな地震が起きて津波が起きたら、このすばらしい海岸線を守るべく防波堤はあるものの、私は海にもっていかれてしまうかもしれないなあ。私がここを歩いていたことを見た人さえいないのだから、そのまま発見されないかもしれない。お大師さま、無事に歩き通すまで何も起こさずにすませてください、と念じるしかない。

だから室戸に向かうときは、けっこう気張っていた。二〇一四年から一五年の年末年始にかけて、それを達成しようと思っていた。一五年の初日の出を最御崎寺から拝もうとしていた。このあたりでは、有名な初日の出スポットらしいではないか。

二十番札所・鶴林寺から二十一番札所・太龍寺へ、二つのけっこうな高さの山を登ったり下りたりする行程から異変が起こった。雲の上に出たり、下になったりのアップダウンの行程である。太龍寺に向かうあたりで雨が降り始める。この太龍寺は空海が十九歳とか二十歳とかの若いころに修行をして、難しい本を著した山だそうです。そんな若い男子ならスイスイでしょうが、こっちは四十六歳。さすが龍のお寺、龍は水をつかさどる。納経をするときご住職にこの雨はお寺の龍のお仕事ですか、とお聞きしたら、恵みの雨ですよ、とにっこり。

そうですか、そうですね、恵みの雨ですね。寒いんですけどね。年末ですから、冬なんだから仕方ないんですけれども。

山を下りてもずっと雨。そして寂しげな竹林を越えて、雨でお休み中の工事現場や旧国道も越えたところで薄暗くなってきた。雨で暗くなるのが早いことは考慮していなかった。寒いし、頭がボーッとしてきた。

お遍路で初めて、宿の人にお迎えを頼んだ。人手があれば、そのようなサービスをしてくれるところもある。わかりやすいように国道と工事現場の交差点で待っていたら、二十分ほどで軽自動車がきてくれた。宿の息子さんである。雨具のまま後部座席に座らせてくれた。新聞紙が敷いてあった。濡れる前提で用意をしてくれていたのだ。

宿は、海岸沿いの一軒家。晴れていたらすばらしい景色だろうが、この日は大雨、というか嵐に近い状態。この海岸一帯はサーフィンでも知られている。さすがにこの年末にはいないけれど、夏はサーファーであふれるのだろう。

室戸岬の朝日。お天道さまのお導きを実感するひととき。朝は元気なので心は前向き

宿の玄関に着いたら、おかみさんが出てきてくれた。濡れた靴にさっそく新聞紙を詰めてくれて、部屋に案内してくれる。おかみさんにお願いして風邪薬を一服だけ分けていただいた。ごはんをいただいて、風邪薬を飲んで風呂に入って床につくが、背筋の寒さが治まらない。

翌朝、お接待として栄養ドリンクをいただき、また息子さんに昨日の待ち合わせポイントまで車で送っていただいて歩き始めた。この日は二十キロ先の二十三番札所・薬王寺をお参りして、そこからできるところまで歩いて、電車に乗って宿まで行くというスケジュール。昨日、歩けなかった距離も入れたら三十キロ以上あり、元気なときでも厳しい距離だ。でも薬王寺までのおよそ二十キロプラス何キロかによって、翌日以降の室戸岬までの七十五キロを少しでも縮めたいのがホンネだった。

途中、ドラッグストアか小さな薬局くらいあるだろう、と期待していた。が、その日は十二月二十九日。薬王寺から二十キロ手前の町は、すでに年末休暇体制。店はシャッターが下りている。通りすがりの人に病院の場所を聞いてみても、三十キロ先、今日は休みとのこと。ドラッグストアもだいぶ先。

絶望的になりながら、コンビニで風邪薬にいちばん近いような成分のものを買って飲みながら、それはほとんど気休めで、ふらふらになりながら二十三番札所・薬王寺に着いた。

生きている苦しみと歩く苦しみならば、せめてお大師さんと歩く苦しみのほうを選んだ昔のお遍路さんよ。南無大師遍照金剛と唱えながら歩いていった姿が目に浮かぶ。いまの私も葛根湯ひとつないよ、トホホだよ。悩みの規模がかなり小さい。

もうここはきっぱりリタイア宣言で、撤退戦に入ることにしてこの日の歩きは中止。薬王寺の目の前は、JR牟岐線の日和佐駅である。駅前のコンビニでまた栄養ドリンクと、なんとなく少しは効き目がありそうな医薬部外品と食べやすそうなプリンなどを物色して電車に乗る。その日予約していた宿まで電車で二十分ほど。歩いたら半日の距離だ。

この宿は少し変わっていた。電話で予約したとき電話に出たのは女の人だったが、その人には一度も会わず、宿の采配をしていたのは若い男性だった。夏はサーファー宿になるらしく、階段の踊り場にはサーフボードが飾ってある。入り口にはお遍路の人が貼ったお札。階段やロビー

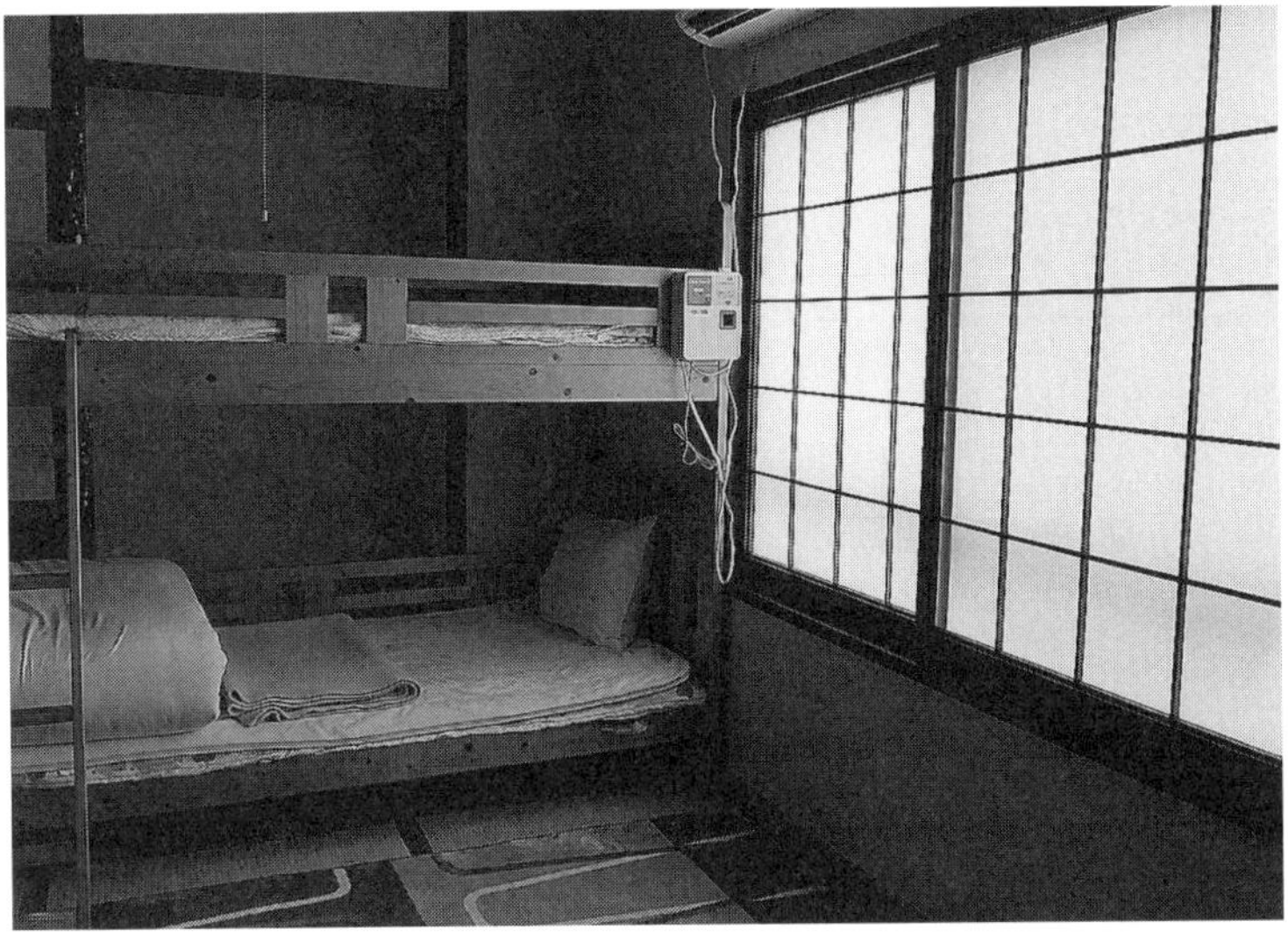

年の暮れも迫って発熱し、寝込んだ宿のベッド。ボーッとしながら飛行機の予約を変更したら出発地を間違えていて大焦り

はサーフィン風。部屋は和室の二段ベッドで、風呂は室内にあって、浴槽は深くてタイルが貼ってある。砂を落としてからお使いくださ い、みたいな注意書きがある。

夕食と朝食は、宿泊用の建物から一度外に出て、隣にあるカフェ調の小さなレストランでの提供だった。内装はトロピカルで、濃い色の木のカウンターがあって、私はそこで晩ごはんを食べる。ボックス席にはにぎやかな南国柄のテーブルクロスがかかっていて、手芸の展覧会や小さなコンサートのお知らせなどのチラシが載っている。カフェ調、というより、南の島テイストのカフェレストランです。

お兄さんは、東京の下町の出身だという。いろいろなことがあったらしく、サーファーの友人の縁でここに来て二年ほど。ご本人はサーフィンはやらない。お料理上手でおいしかった。私が風邪ぎみだと言うと、山盛りの冬みかんをくれた。

私がもう少しコンディションがよければお兄さんにビールをご馳走したかったのだが、そんな余裕はなくて、部屋に戻った。風呂どうしよう。浴室は寒く、部屋も寒かったのでお風呂は断念して、とにかく寝ることにした。

このときアタマに浮かんでいたのは、芭蕉の句「旅に病んで夢は枯野をかけ廻る」。芭蕉もなー、早く元気になって、歩きたかっただろうなー。体が弱ると気持ちも萎える。

しかし明日は十二月三十日。この先、たとえ歩いて行けても病院が開いている可能性はない。ドラッグストアさえない。もうだめ。携帯で飛行機の予約を変更して、このあと泊まるはずだった宿をキャンセル、ほんとに申し訳ない。

このとき高知空港から出る飛行機に変更したつもりが、愛媛県の松山発の予約になっていたのに気づいたのは、高知空港でのこと。カウンターのお姉さんの機転で変えてもらった、ありがとう。これもお大師さんのおかげ。

翌朝も調子がよくなることはなく、お兄さんが作ってくれた朝ごはんを食べて、駅まで歩く。十二月三十日の朝の駅は、学生さんもいない。そして、徳島県と高知県の県境の駅・甲浦まで列車で移動。鉄道はここでおしまい。甲浦から室戸岬までバス。乗り換えまでに一時間ほどある。室戸岬の案内所でリュックを預かってもらって二十分ほど山を登って頂上の二十四番札所・

最御崎寺にお参り。元気になって必ず来ますとリベンジを誓う。

あとはもうボーッとしながら、高知県の中心部に向かうバスを乗り継ぎ、電車の始発の駅まで行く。電車に乗り換えて、空港までできるだけ近いところまで行って、タクシーで高知空港へ。半日がかかりで空港に着き、十二月三十日の夜、帰宅となった。

ああ、室戸岬に歩いて行くのがこんなに困難だったとは。

2 室戸で遭う

この撤退戦から二カ月後、私は再び前年末以来の二十三番札所・薬王寺の前まで来た。ここはまだ徳島県。徳島側から鉄道を使ってやってきた。リベンジ戦である。

体調万全で臨んだこの回は薬王寺から二泊三日で無事に二十四番札所・最御崎寺に着いた。私は二年越しで果たした宿願を祝い、最御崎寺の宿坊に泊まるつもりで予約を入れていた。室戸到達のメモリアルお寺泊である。ゆっくりしようと昼過ぎには宿坊にチェックイン。貫禄のあるおかみさんに名前を告げた。

ところがである。おかみさんは、私の余裕の様子を見て、こんな昼なのに歩かないのはもったいない、まだ日があるうちは歩きなさい、とのご宣託。この先の宿を探してあげるから、このまま行きなさいとの仰せである。いやいや宿坊に泊めて。と、心の中では思ったけれど、この由緒正しい宿坊の、数々のお遍路を見守ってきたであろう室戸岬のゴッドマザーの迫力に反論できない。ゴッドマザーは、おもむろに宿リストを取り出し、順番に電話していく。

二軒目で、空室が見つかり、宿の名前と電話番号を書いてくれた。ここは、大きな宿で、空いているから行きなさい、二十五番札所を過ぎてまっすぐ行ったら大きな看板があるからわかるはず。まじか。容赦ないなぁ。

二十五番札所は港町の高台の上にある。いかにも港を守るお寺らしく、名前も津照寺。小さくかわいいお寺だった。お参りをし終わって、お天気もよくプラプラと港町を歩いた。この日は、もう宿に入るだけ。のんびり歩いていると、ベンツが釣り道具を窓からはみ出させながら私の横を通った。お遍路中、ベンツは見かけない。運転している釣り帰りのそのおっちゃんは、私にどこに行くのかと尋ねた、お遍路か、乗せたろか？　山の中とか、雨のときなどはたまに言われることがあるが、人通りのある港町では珍しいことだと思ったが、歩き遍路だと伝えて断った。このあたりでベンツは珍しいなぁ。修理工場もディーラーも見ないのだから車の不調があったら大変だろうとも思った。

はたして、遅い午後、ゴッドマザーに予約してもらった宿に着いた。こぎれいな民宿、というか小さめの旅館。最近改装したのか、こざっぱりとした雰囲気。そして、なんということか、さっきのベンツが止まっているではないか。そうですかー。ベンツのおっちゃんはこの宿のご主人だった。羽振りがいいではないか。民宿は一階が食堂になっていて、なかなかの人の入りだ。バイク旅の男の人のグループや付近の土木工事関係の人など。とり仕切るのはベンツのおっちゃんよりかなり若く見えるおかみさん。

おかみさんは、年が近い女客の私のことを何かと面倒みてくれてありがたかった。昼間、ご主人と町で会ったことを話すと、「おっちゃんもヒマやから、お姉さんと話したかったんちゃうか」とおっとりとした態度だった。

翌日朝、出かけるときは、お接待としておにぎりを持たせてくれた。早く出かけて、二十六番札所は少し山越え。山を越えたら今回はすぐにバスに乗って帰り道となる。

そこで、忘れもしない不思議なできごとが起こった。

6月の徳島県。ずーっとこうなら楽しいのだけれど。空と雲と森しか見るものがないまま丸一日歩き続ける

2月の愛媛県。四十四番札所・大寶寺の参道。足元ツルツル

2月の高知県。朝5時。水車も凍る

お参りを終え、山を越えてバス停に着いたのは、朝八時半ごろ。バス停は地域の物産館などがある集合商業施設の前で、私はそこで、トイレを借りたり、コーヒーを飲んだりして休憩した。バスは九時三十分発。九時二十分ごろにはバス停に移動し、前で待っていた。まもなく本格的にオープンする施設で働く人たちが集まってくる。軽トラ、自転車、スクーター。おそらくいつもどおりの景色だ。

九時二十五分。自転車に乗った女性が寄ってきた。自転車の前のかごに荷物を載せて、いかにもここで働いている人の体だ。服装も地元の人そのもの。その人が、バスを待つ私に話しかけてきた。

あなたお遍路？　あなたは着物を着る仕事をすればよかったのに。そしてお経を読むのをやめたら気が狂う。

と一方的に話している。それはどういうこと？　着物？　お経？　お経って『般若心経』でいいんですか？　お遍路の。

どういうことですか？と問い直そうとしたところ、バスが容赦なくやってきて乗らないわけにはいかなくなった。これに乗らないと次のスケジュールに間に合わない。ありがとうございます、行きますと、バスのタラップに半分足を乗せて、言い捨てるように告げてから乗り込むしかなかった。

もう車窓の景色どころの話ではない。何度もその言葉を反芻してみる。

着物。そう着物である。私はその前年からお茶のお稽古を始めて、着物を着始めた。不相応な着物もあつらえてみたり、祖母の簞笥のものを直してみたり、着物街道驀進中であった。そのころ（いまも）、かなり好きなことだ。

しかしながら、その日はカーゴパンツに、キャップに、ジャンパーに、でかリュック。着物の片鱗もない。何が、何が見えていたというのだ！　それを仕事にすれば、とはどういうことなのか。

そしてもっと気になるのはお経のことだ。お遍路のお参りには『般若心経』がつきもの。私の人生でお経を読むのはお遍路のときだけ。ということは、お遍路をやめたら気が狂うってこと？　そうなの？

ああ、わからないことばかり。次のお遍路はこのバス停から。それは謎解きの旅とならざるをえまい。

3　室戸三たび

三カ月後、三度目の室戸。私は、謎の予言を残していった女性と遭遇したバス停に戻ってきた。

私はその人が、バス停そばの集合商業施設で働いている人なのだろうと目星をつけていた。だったら、誰かに聞けばわかるだろう。バスから降り立って、施設の人たちに取材して回る。三カ月前、バス停で待っていたら、こんなことを話す女性と遭いましたが、心当たりはありませんか？　施設の職員のような人、店のなかで働く人、外でモノを売る人に尋ねる。ぜんぜん手応えはなし。

この日の宿は、例のベンツのおっちゃん宿である。電話で予約するときに、おかみさんには、謎の女性のことは話しておいた。近所の人だと思うのだが心当たりはないか。おかみさんは気にかけておきますと言ってくれた。

その日は、前回以上に混雑していて、食堂も部屋もいっぱい。部屋は食堂脇の古い小さい部屋だという。安くしておくからこの部屋で勘弁してなとのことで、私も二回目の気安さから了解し、フル回転の厨房の手伝いをすることにした。

エビ剥き。大葉を洗う。さやえんどうのスジ取り。がんばりました。そのあとは食堂でビールの配膳。

けっこうがんばった。食事のときは、おかみさんからビールをお礼にいただいた。働いてぐっすり寝た。労働はいいなあ。

翌日、旅立つとき精算しようとしたら、宿代は不要とのこと。申し訳ない気もしたが、これもご縁なのでありがたく受けることにした。玄関の前で、おかみさんと記念写真を撮った。そのときおかみさんが、謎の女性のヒントをくれた。近所に住む霊媒師のような人らしい。この宿に泊まった別の女性客も話しかけられて、その人は「あなたは、何か強いコンプレックスがあって悩んでいるのではないか?」と言われたとのこと。それがお遍路の動機になっているらしい。おかみさんは私が何か心の傷になるようなことを言われたのではないかと気にしてくれたが、そうではないと説明して、安心してもらった。

結局、女性のお遍路に話しかけるタイプの霊媒師だったというのが、この体験のまとめであります。謎の女性との遭遇のいきさつをひもとくと、そもそもは、太龍寺の雨から始まる。龍のパワーで雨に濡れて、風邪をひいて、途中リタイア。リタイアからの翌年、室戸岬到達成功、そして室戸岬ゴッドマザー予約キャンセルからのベンツおっちゃん宿との出会い、こんな偶然が積み重なってのバス停の謎の女性である。

一つでもずれていたら、この遭遇はなかった。

着物とお経。そのとき私がいちばん興味あるキーワードだった。誰かが私に何かを伝えたかったとしたら？　ちゃんと受け止めて考え続けよう。とはいえ、これが着物をたくさん買ってもいい理由じゃないけれど。

4　一方、足摺岬では

室戸岬ではいろいろあったのですが、足摺岬はまたちょっと違う趣でした。

ここは三十八番札所・金剛福寺がその先端にあります。高知市内からそちら方面は海岸線が入り組んでいて、港がたくさんある。港の上に自動車専用の大きな橋が架かっていたり、正直言うと室戸より都会（あくまで比較の問題で）。それで孤独な感じは少ないです。

翌日には岬の先端に着くという日に泊まった宿も、個性的でした。遍路宿なのですが、塀に某政党のポスターががっつり貼ってあって、理論家で知られる党首の笑顔ポスターもある。これはキャラ強いなーと思っていたら。経営方針も個性的で、非常に芯が通っている。部屋にテレビがない。ないのか、と。お遍路は意外とテレビほしいですよね。天気予報を見たいし、昼間はずっと文明に触れてないから、世の中の動きがわからない。お風呂の石鹸は私もかつて赤ちゃん用に使っていた無添加石鹸メーカーのもので、どこにでも売っているものではない。

おかみさんは、この地域の先生だったとのことで、栄養学や調理法などに詳しく、折り目正

足摺岬へ向かう海岸線。3月だったので誰もいない。ガケの隙間がお遍路ルート。目印がわからなくて海岸を徘徊した

しくて、無添加の調味料なんかを全国から取り寄せてる、と非常に熱心に説明してくださった。なかなかおじけづく感じでした。

この遍路宿から足摺岬まで行って、同じ道を折り返してくるので、使う荷物を預かっていただくようお願いし、午後にまた取りにきますとお伝えしました。このあたりは折り返しで歩く人も多いので、すぐにわかってくれて、私が次に泊まる宿まで届けてくれるとのこと。ありがたくお受けして、予約を入れてある次の宿の名前をお伝えしました。

足摺岬まで行って、カレーライスを食べて、同じ道を通って、この個性的遍路宿は通り過ぎて次の宿まで行きます。夕方五時ごろには着きたいつもりで歩いていったのですが、岬から戻る道がゆるい登り続きでペースが上がらない。これは少し遅れそう。

五時十五分に次の宿に電話したところ、とんでもなく怒鳴られてしまった。いまから来るなんて遅すぎる、来るのか来ないのかはっきりさせろ、こっちからキャンセルさせてもらう、つまり、来てくれるなとの趣旨。

土佐弁の男性です。

荷物を届けてもらっているのだから行かないという選択はないわけで、このあたりはもうほかに宿もない。遅くなることをしかられたとはいえまだ日も高い。かなり焦りながら、もう一度電話をかけると今度は女性が出て、涙ながらにお願いしたら（せめて荷物は受け取りたいし）、来ていいとのありがたいお返事。

死に物狂いでなるべく早足で歩いて着いたところ、非常に立派な民宿でした。これまで泊まった民宿中でもベスト3に入るような建物でした。玄関口にはおかみさんが出てくれて、遅くなった非礼をお詫びした（まだ明るい時間なのだが）。おかみさんは私の顔もあまり見てくれませんので、まだ怒っているのかもしれないと言い訳がましいこともやめて、泊まらせていただけるだけありがたいことなのだと思うことにしました。

また怒鳴られては困るので、非常に静かに上がらせてもらい、非常に静かにお風呂を使い、何もしゃべらずカツオのたたきの晩ごはんをいただき、とても新しい畳の上に敷いたお布団に小さくなって寝ました。

結局、お怒りの主にはお目にかかれませんでした。せめて謝らせてもらいたかった。

足摺岬の思い出は、こんなキャラが強い宿のことに終始する。

『へんろ地図』掲載の宿リストを見て、その日の到達時間を距離から想定して順番に電話していくだけなので、どんな宿なのかわからない。ウェブサイトはたいていないし、足摺岬側のお遍路道沿いの宿はいくつか廃業して、電話がつながらないこともあります。開いていても夏のいい時期だけしか営業しないところもあります。そのころ使っていたのはその三年前発行の版ですから、閉業していても不思議はありません。電話がつながったところに予約する。だからいろいろありますが、これもご縁です。

足摺岬と言えば、中世の仏教の修行での補陀落渡海がおこなわれていた場所として知られています。海の向こうにあるという極楽浄土に、小さな船に乗って行をしながら流されていくという究極の修行で、生きて帰ってこないことが前提です。

修行とは何のためにおこなうのか。生きるためではないのか?

あの世にあるという浄土に自ら行くことを修行とすることについて、それをおこなう人々の感情と生きる苦しさについて、すなわち信仰を簡単に理解できるとは言いません。けれど、室戸岬から足摺岬まで、ずっと海を眺めながら歩いていると、そんな海の向こうにあこがれる浄土信仰とともに、土佐から明治維新の志士がたくさん生まれた理由がわかる感じがします。

お天気がいい日の土佐湾の美しさ。修行ではなくても、この海の向こうに何があるのか、見てみたくなるのは当然です。坂本龍馬が貿易や海軍に興味をもったのも当然に思えてきます。

海の向こうに何があるのだろう、海の向こうからきた大きな船は何を知っているのか、凪《な》いだ海、この海をどうして俺が越えられないことがあろうか、と。

5 お経の件

お遍路といえば『般若心経』です。これ、マストです。札所であるお寺の本堂と、大師堂の前でお経を上げます。それがお遍路のお参りの核だと思っています。

私の父方の祖母は非常に信心深い人でしたが、浄土真宗系だったので「なんまんだぶ」です。子どものころ祖父母の家に行ったら、なんまんだぶ。法事も当然、なんまんだぶ。

母方は禅宗ですが、熱心とは言えません。そのうえ、母は最近クリスチャンになったし。ということで実家にはお仏壇はなし。私には仏教の師というような人がいないのです。

しかしながら、一番札所をお参りしたそのときから、読経はしなければいけません。信心があるかないかは関係ない。無作法、無礼はよくないと思うので、礼儀正しくするためにとりあえず経本を開く、というレベルでした。よそのおうちに行ったら脱いだ靴を並べるべし、のレベルです。見よう見まねでお経の本をパラパラ開いて、カタカナの振り仮名を読んでみたけれどお経のように聞こえない。ですよね。ちゃんと聞いたことがなかったんだから。

これはまずい。

グループでお参りをしているような方たちの後ろで、じっと読経を聞いてみる。地域の宗教的な集まりの方たちなのでしょう、同じ節回しで読み上げていく。個人で回っていて慣れていそうな方のも聞いてみる。また違う。たまに、修行中の本物のお坊さんがすばらしい声で、すばらしく詠んでいる。昔、祖母が法事のたびに「今日のお寺さんは、いい声だった」と言っていたがこういうことか、と。その違いがわかるようになったのか、私よ。

せっかくお参りするのだから、せめて最後まで読めたほうが、自分が挙動不審になることもないだろうと、「アマゾン」でCDを買いました。奈良・薬師寺の『般若心経』CD、あるんですね。これがお遍路に向いているのかどうか、よくわからないのですが、とりあえず、フレーズの切れ目、ブレスの位置を確認して、赤鉛筆で印を付けました。

意味は、仏教学者とか瀬戸内寂聴とかの本を数冊読んで、そんな感じなのかと思うことにしました。もとは古代のインド語で、それに漢字を当てて、それをまた日本語読みしている。意味は、解説している人ごとに、大筋合意、各論議論で違いがあるらしく、示す内容の幅の広さや、さまざまな解釈を許す心の広さみたいなものが興味深いです。なんというか、「詩」として面白い。

こんな私にお経の教義について、信心深く、宗教的な悟りへのアクセスのひとつとして、捉え直したり考え直したり、学び直したりしたくなる機会が訪れるのでしょうか。そういったことが必要になるのかどうか、待っています。一生それはこないのかもしれないし、どちらでも。

それが、必要ならば。
決めつけないでいこう、それが私にとっての『般若心経』の肝のような気がするのです。

6 お経とおじさん

こんなにお参りをして歩いているのに確固とした信仰告白もできず、ぬるぬるとした状態でいるのですが、一度そんな私の信仰心を試すようなおじさんが追いかけてきたことがあります。土佐から足摺岬に向かう道は、前にも書きましたが入り組んだ地形です。国道はトンネルが多いです。お遍路道はトンネル必須で、毎日のように出くわします。トンネルのなかを歩くときはトラックやダンプがとても怖いです。

それはさておき、おじさんのことです。土佐から足摺へ。町、トンネル、海、港、町、トンネルとどんどん景色が変わっていきます。まもなく短めのトンネルに入るというところで、車が一台止まりました。

軽自動車からおじさんが一人降りてくる、お遍路か？と声をかけてきました。私は軽く会釈をして立ち止まらず歩いていきました。声をかけられることはよくあるし、お天気もいいからどんどん進みたい時間帯でした。

おじさんは、私を追いかけてきます。何の用事かわからない。が、車は残してきてありますし、現在進行形でどんどん離れていますから、車で連れ去られて山に捨てられるとかもないだろう。私とリュックは相当重いです。

おじさんは身なりもよくて、厚手のいい毛糸でできたおしゃれなカーディガンを着ている七十歳前くらいの人でした。

なんでお遍路しているのか？

歩くのが好きなんです。

（聞かれても答えられない。だから、まじめに答えても答えなくても、理解してもらえる話術はない。ここまで読んでくれた方は、私には答えがない状態だとわかるでしょう。）

徳島県と愛媛県の県境にある境目トンネル。855メートルということは私の足では10分くらいかかる

どこまで行くのか？

私は泊まる予定の町の名前を告げました。その地点からまだまだ歩いて五時間はかかる。この日の出発点の町の食堂の話などにもなり、そこのうなぎがおいしいなどとも言っています。

職業は何か？　教師か？　まあそんなところかもしれません。

それから彼はおもむろに自己紹介を始めました。自分は、土佐市や高知市で手広く商売をしている。そしていろんな勉強をしている。討論で他人に負けたことはない。京都のなにやらいう大きなお寺のえらいお坊さんとの討論にも勝った。

私は理論的な会話は苦手ですので、あいまいに、それはすごいですね的な返事をしました。いのか。いろんな勉強というのは仏教関係のようです。メンバーの強い結束で知られる大きな教団に属しているらしい。

『般若心経』は女性を差別しているお経だと知っているのか。そこか、そのへんのことを言いた
彼は、空海の理論が、女性を特に差別的に扱っていることについて説明しだしました。私が弘法大師への熱い信仰心でそれに反論することを期待し、彼が論破することによって私の信心を砕こうとしている、試しているのだと気がつき始めました。ないのに、そんなのないのに、砕くようなものはないのだよ、ごめん。

やがて短いトンネルが見えてきました。トンネルに入ると彼の弁舌はいっそうさえだし、彼は信仰を得ることによって、ますます商売が繁盛し、彼の一門の高僧からなんらかの責任ある地位を授かって……もうごめんなさい。

相槌を打つだけで精いっぱい。特に何か地位がほしいということもないし、食べられるだけの仕事もあるよ。だからこうして歩きにくることができる。

やがてトンネルが終わり、次の町が見えてきました。ここまでおよそ三十分。二キロは歩いてます。そのあたりで彼もずいぶん歩いたことに気がついて、じゃあここでと去っていきまし

これだけ幅広の歩道があるトンネルはましなほう。歩道がないトンネルは、トラックが通ると泣きそうになるので写真を撮る余裕なし（徳島県内で）

た。一人でこのトンネルを通って、三十分の道のりを戻っていったのでしょう。

ご期待に沿えなくてすみません。

7　錦のお札のおじいさん

お遍路の作法として、本堂と大師堂のお参りのときに、お札に自分の名前を書いて専用の箱に納めます。

仏様、お大師様、どこそこから今日、こちらに参りました。いろいろお願いしたいことはありますが、とりあえず、家族が元気でありますように、とか、何より健康いちばんですよね、とかの願いを込めて、気合とともに、ペロ～ンとお札を入れて、あとはおさい銭やらお経やらです。

お遍路のお札は短冊形です。ほんとに七夕

の短冊のようなものです。百枚一束で、お大師さんの姿と南無大師遍照金剛が印刷されている。ビギナーは白いお札。八十八カ所コンプリートを十回、二十回、と重ねていくうちにお札の色が変わっていって、赤、緑、銀、金などあってそして錦の布のお札になります。……ということを、はじめは知りませんでした。お遍路グッズ売り場にも錦のお札は売っていませんし。ネットでも見ない。

それはまだ、本当にお遍路を始めたころのことです。三番札所までお参りして、その日はお寺の門前の小さい遍路宿に泊まりました。おばあさんが一人で経営しているようなタイプのものです。

晩ごはんで同席したのが、高知在住のOさん。年の頃は七十歳くらい。真っ黒に日焼けして、お遍路に慣れている様子の方でした。気さくに話しかけてくれ、私がまったくの初めてであること、一人で来たこと、子どもはいるけど、親に預けてきたことなどを聞いてくれて、そのあとOさんのお話が始まりました。

Oさんはすでに百回以上回ったことがあること。そのうち五十回以上は、お母さんを連れて車で回ったこと。お母さんが数年前に亡くなって、その供養もあり、今度は歩いて回っていること。

お母さんを連れて回ることになった理由は、お母さんが弱ってきて、老人特有の症状が出てきて、家に引きこもりがちになり、夜に眠れず外を歩き回るようなこともあったこと。でも、車でお寺に連れていってお参りをさせると、夜にぐっすり眠るようになったこと。日中に駐車場からお堂まで歩いて往復すると、小一時間はかかる。確かにそうでしょう。境内は広いし、足元は砂利や土、お堂は階段の上。本堂まで二十分くらいかかるところもザラにある。お年寄りにはいい運動です。

そんなんで、お母さんを乗せて一週間くらいでのお参りを、休み休み続けていたら五十周くらいになったというのです。宿の方たちも、だんだん顔なじみになってくる。お母さんもお遍路に出ている間は気持ちも安らいでいる様子だったそうです。

お母さんを送った後は、本格的に歩きの遍路を始めたそうで、こういう方たちはたいてい八十八カ所を一度に回る通し打ちの方です。そのころは私も知識がほとんどないし、初日ですし、どんなに大変かよくわからない。

私のことは、教師かアナウンサーかい？と言われました。前述のトンネルおじさんもそうですが、おそらく標準語（に近いことば）で、話す女性の典型がこのあたりでは教師なのではないかと思います。息子が一人いること、それを一人で育てていることを伝えると、必ず孝行してくれるから、しばらくがんばろうと言ってくれました。

そしてくださったのが朱色の錦のお札です。正直、そのときは意味がわかりませんでした。次の日は、一カ所だけお寺で一緒にお参りをしてもらって、Oさんの立派な杖にびっくりし、しかしながらとても脚が速いので、そこでお別れ。

家に帰ってきて錦のお札の意味を調べてみると、とてもご利益があるとかで、どんな願いもかなうというものなのです。錦のお札泥棒のような人もいるらしく、お寺の納箱から錦札だけを抜き取って売るようなことをするらしいのです。

さっそく、お礼のお手紙を書きました。まだ始めたばかりだけれど、とても時間はかかるだろうけれど、必ずやりとげるつもりと伝えました。すると今度は、白い錦のお札と、小さな木彫りの仏像が二つ送られてきました。高さ五センチくらい。女体のものと子どものものです。ある仏師がいくつかこのような木彫りの仏像を作っては東日本大震災の被災者に送るようなことをしている、とのことでした。底に「高野山のひの木」と書いてある。

電話でお礼をすると、このたび建て替えになった高野山の門を作った檜の残り木で彫ったものだという。でも、これを拝むとこれに仏さんが入ってしまうから普通にお人形として飾るということにしておきなさい、とのことでした。

いまでも、Oさんにはお遍路の区切りがいいところでご報告します。お遍路をスタートしたばかりのころに錦のお札をいただいて、自力では到底無理なことですから幸先よかったとともに、やりとげなければいけないない気持ちになりました。

この木彫りの人形には後日談があります。四万十川のほとりの遍路宿に泊まったときのこと。大きなお宅で、相撲ファンというおかみさんが経営している宿です。ここに、この人形と同じものが大量にありました。もっと大きい腰ほどの高さのものも、小さいものもいろいろです。二十ほどはあったでしょうか。おかみさんが言うには、この仏師さんはこの宿の常連であるとのこと。奥さんの供養のために歩き始め、これを彫ったり、お遍路のために財産はほとんどなくなってしまったりしたことなど。

Oさんがこれをどのように手に入れたのかをお聞きしてはいません。電話で一度、この四万十川の民宿のことを報告したことがありますが、Oさんは、そこに寄ったことはないそうです。Oさんと出会ったのは徳島県。四万十川は高知県です。

人の手によって、何かが運ばれているのがお遍路道なのです。

ちなみに。最近になって、某大手出版社の高野山関係のMOOKに、同じ木のお守りが付録としてついていることがわかりました。木がもっと小さくて、仏像型でもないけれど。その本は三千円くらいでした。

8　その気になるのはこんなとき

お遍路ではこんなふうに、目には見えないけれど、何かの力がはたらいているかのように思えることが起こるのです。

十二月のある日、それは四回目の四国行きの初日のことでした。初日はいつもバタバタします。自宅を朝六時に出て飛行機に乗り、バスを乗り継ぎ、スタート地点である徳島県の十九番札所・立江寺に着いたのは午後三時過ぎ。今日の日没は午後五時。宿まで十キロ・二時間半、六時到着予定。真っ暗になるのは想定してました。お参りを上の空な感じですませて、慌てぎみに立江寺を出ました。

普段ならお寺でトイレをすませたり、コンビニなど次の休憩ポイントを確認したり、ちょっとした食糧を用意してから出発するのに、目の高さまで下がって来ている夕日にあおられバタバタ歩き始めてしまいました。

歩き始めて十五分、どんどん薄暗くなるし、急に心細くなってきました。トイレ行っておけばよかった。飲み物もない。私、すごく無防備。

焦っているとガソリンスタンドが見えてきました。トイレ借りよう、と思いました。都会のそれとは全然違って三日はヒゲそってない私服のおじいさん二人、謎のカーリーヘア茶髪の若者が店番です。

都会のガソリンスタンドに必ずある自販機もなし。ガソリンも入れないのにトイレだけ借りるのも大人としてどうなの？　飲み物でも買わせてもらおう。スポーツ新聞や週刊誌が山積みになった店内の三人のパーソナリティーを読みきれず、思い切って店に入り、カーリー男子に、飲み物を買わせてください、とお願いしました。ガラスの冷蔵ケースのペットボトルの水を取り出して、いくらですか？と振り向くと無精髭のおじいさんが、お四国か？と言いました。

地元の人はお遍路と言わずお四国と言います。そうですと答えると、おじいさんは首を振りました。カーリーヘアが、いらないそうです、と通訳しました。社長もいいと言ってます。もう一人の白シャツが社長らしく、うなずいている。私がお遍路だから水代はいらない、お接待します、ということでした。

私はトイレも借りて何度もアタマを下げて歩きだしました。今回の旅が始まったばかりで予定どおりに進まず、集中できていない私に、お大師さんがこのおじいさんたちをお使いにして気合を入れに来てくれたのでしょう、と思うことにしました。

そこから二時間、全速力で夕日の方向に歩きました。真っ暗になったけど、今日はお大師さんが付いてるらしいので疲れも忘れて、無事到着。

9 懐かしい感じがした人のこと

いろんな人に出会ってきたのですが、女性のお遍路さんで、絶対に忘れられない方がいます。お遍路で年越しをして元日に宿坊に泊まったときのこと、朝ごはんと朝のお勤めのときに、とてもこざっぱりとした静かな空気を出している女性がおられました。仮にヨシエさんとしておきます。私も彼女も一月一日に一人でお寺に泊まるような女性ですので、食堂で自然とおしゃべりが始まりました。自然とではなく、いま考えれば、ヨシエさんが気にかけてくださったのかもしれません。ヨシエさんは、本州で暮らしていてその間に何度かお遍路に来て、生活の節目が訪れて、本格的に住み始めた、とのことでした。何度もお遍路をしておられるので、とても詳しい。私がこれまで疑問に思っていたことをあれこれ尋ねてみると、何でも納得できる答えをもらえるので、すっきりとした思いでした。男性の同宿の方にいろいろお尋ねしても、どうも共感が得られないような答えであることが多いのです。例えば、特に一日に歩く距離感や道路の難易度、食事や荷物のことなど。中年の男性にありがちな「なんとかなりますよ」のような大雑把な答えだったり（なってないから、お尋ねしたのに、がっかり）「それはかくなければならない、そうすべし」のような断定だったり（誰が決めたのよ、その謎ルール）。ヨシエさんの答えは、尋ねた側の都合を斟酌してくれるような、しかしきっぱりとした答えで安心できるものだったのです。着物の趣味のこと、お料理のこと、そして旅のこと。そのころ私が漠然と考え始めたスペイン巡礼の体験者だったことも大きい。きっとできるわ、楽しいわよ、ときれいな標準語で励ましてくれたこと。初めて具体的な体験を話してくれた人で、ありがたく思いました。帰宅後、スペイン巡礼の経験者の書籍を送ってくれました。何度も読んで、その日を想像しました。ヨシエさんとスペイン巡礼については第6章「スペインの「イギリス人の道」への道」で詳しく書きたいと思います。

ヨシエさんからは、ヨシエさんが住むあたりをお遍路で通るときは必ず教えてね、と言われていました。本気になって三年後に思い切って連絡してみたところ、ヨシエさん、ご自分でお遍路用の宿泊施設を始めていたのです。初めてお会いしたとき、そんなことおっしゃってたっ

ヨシエさんが作ってくれたお接待袋。ひと口おにぎりに小袋のお菓子。ちょっと見えてる芋も小袋入りで、実際に歩いたことがある人ならではの心遣い

け？　ホントに夢をかなえたんだな、あれから三年以上たっている。がんばったんだな。

はたしてその宿は私が想像していた以上にヨシエさんそのもののような宿で、小さい心遣いも、大きなアイデアも、食べ物や水や布や紙や洗剤やら何もかも、そうであってほしい姿の宿でした。お話をしているとあっという間に時間は過ぎて、四国中のお遍路を取り巻く社会情勢（なんてものがあるのか知らぬが）を語り合って夜が更けました。その宿の名前や場所は内緒です。お遍路をする人に縁があるならば、きっと出合うと思います。

10　友と歩く歓び

お遍路をすると誰かに言うと、誰と行くの？　とほとんど確認されます。一人というと、疑

われます。白装束のグループさんに交じっていっていると想像されます。できるだけ説明するけれど、具体的に想像できないのか、話はほとんど盛り上がりません。実際のところ、私は自分の脚のペースに自信がないので、誰かと一緒に歩くのは不安なのです。カップル、夫婦で歩いている人たちは尊敬に値する。というか、どちらかが何かを我慢しているのではないかとか、けんかにならないのかとか、よけいな思いを持たずにはいられませんでした。誰かと一緒に歩くと気を使うし、沈黙も怖いし、しゃべると疲れるし、トイレや休憩も自分のペースで行きたいし、ともに歩く人のペースに合わせられるほど達者ではないと思ってきました。

実際、歩き遍路のご夫婦はあまり見かけない。たまに同宿になったご夫婦は、夫である人が元山岳部などの余裕のある人で、妻である人のペースに合わせているようでした。

こんなに疲れて歩いてきて、夫の分まで洗濯をするのもしんどいなー、それを当たり前のように思う夫だとしんどいなー、でも夫に洗ってもらうのもしんどいなー。お互いにお互いのことを知っている夫婦であればあるほど甘えが出てきてしまって、つらい距離やポイントなどで相手を思いやれなくなるのではないか、つらいときに助けあえないから自分は夫婦をやめてしまったのかと、思い返したりしました。

距離が長い山道や海岸線、たくさんのトンネルを通って、ようやく着いたのが思ったより寂しい宿だった日や、一日歩いても札所がないようなむなしい日は、自分自身が精神的にダウンぎみになって体力的にも限界でしゃべる気力もなくなる。お大師さんと、小鳥と、自分自身しか話す相手がいなくなり、まさに自問自答の半日間となります。それをしたくてお遍路をやっているという側面もあるわけで、ないものねだりではあるのです。

そんなわがままな気持ちもあり、体力的につらいとされている徳島県・高知県を越えて、本州からのアクセスもよくなる瀬戸内海側まで来て、お遍路後半になり日程の残りもみえてきた愛媛県を回るとき、学生時代の友人たちを誘ってみることにしました。

このあたりならば街の中を通るので、私自身がけんのんな状態になることはなさそうでした。私は大学では地理を専攻しており、そんな専攻があるのかと思われましょうが、地図を見たり、その地図を見てその場所に行ってみるというのが学問の基本的素養のひとつでした。地理学科仲間は、そういう行動をともにした人たちなので、地図を見て歩く遍路の第一ハードルをやすやすと越えてきてくれる可能性が高い。

あとは、彼女らも仕事があったり家庭があったりと年相応の都合があるのですが、半年ほど前から声をかけて、ゴールデンウイークの二日間ほどをともに歩くことができました。事前に、『へんろ地図』のコピーと、準備するもののメモを送り、待ち合わせの場所と時間を指定したら、彼女らはきっちりとそこに来てくれて頼もしかった。

その昔、大学四年のころ、それこそまだ中国が民主化したとかしないとか、天安門事件で学生が戦車にひかれ、観光客のカメラが没収されたとかがまだあったころ、専攻の先生の一人がシルクロードの調査隊に加わったことで、私たち専攻学生の間でにわかに中国ブームが巻き起こったことがありました。世の中はバブルに浮かれていたのに、私たちはなぜシルクロードバブルだったのかといまでも不思議なのですが、卒業旅行には何組も中国奥地への旅をしており、私たちのグループと、もう一組が同じ日に同じ地点にいて、会える可能性があることがわかりました。

そこは中国奥地の西安で（大昔の長安の都のこと）、ある日の夕方の一時間ほど会えそうだということで、当時、もちろん携帯電話もない時代、国際電話も高いし中国国内の電話は回線も怪しい、イチかバチかで待ち合わせ地点に行くと、はたしてご対面でありました。

そんな頼りになる地理仲間なのでくどくど言わずとも、お遍路途上できっちり会えて、そこから、お遍路道をだらだらと昔の「地理巡検」のごとく歩きました。お遍路道は江戸時代までの旧街道に沿ったものが多いことを、彼女らとすぐに理解し、国道ができたためにこちらの道や町並みが寂れたこと、平地と山の境目である場所には伏流水が湧き出ることから町が形成されやすいことなど、これまでの人生では、ほぼほぼ役に立たなかった学生時代の知識を共有しながら歩いたのでした。

何よりも頼りなるのは、『へんろ地図』の読み込みがばっちりで、私がボーッとしていても交差点や分かれ道などを確実に指摘してくれることでした。頼りになる友と人生を歩くということは、地図を一緒に見てくれるということなのだとうれしかった。

それぞれ、五十年も生きてきたら、家族のことや、親のことや、仕事のことにも必ず問題はあるもので、このときの友人の一人は、数年前の大地震で実家が半壊し、彼女が大学時代になけなしのお金で買ったであろう岩波書店の『源氏物語』全巻を、地震の後始末の折に売ってしまったこと、「でもね、必要ならば、また探せばいい。日本のどこかに必ずあるから」と言っていたこと。国語の教師である彼女が『源氏物語』を手放すほどの地震というものを経て、いっそう強くなったことを知りました。

歩いているときは、ごはんのこと、トイレのこと、寝る場所のこと、天気のことだけが心配で、名著もお金もたいして意味がない、持っていても重いだけですから。必要なときにだけ用意して使えばいい。持ってきた財を手放すことは、それがなくても歩けるという勇気をもつことです。

一人での遍路の折には立ち寄らない地元の銘菓のお店で甘いものを食べたり、駅のホームでおしゃべりをしたり、思い出の遍路になりました。次の機会にまた会えるか、むしろ生きているうちにあと何回会えるのか。できれば、健やかに過ごしてくれと思わないではいられない数日間でした。

このほか、宿や道でいろんな組み合わせのお遍路さんグループと遭遇しますが、そのなかで、明日結願《けちがん》という夜に同席したご夫婦が印象に残っています。夫は定年後の楽しみとして遍路をしている人で、この年代にありがちな「通しを三十数日で歩いた」自慢をされました。六十歳定年の翌日から、本当にその日数で通し歩きをしたならば、男子大学生並みの相当な健脚です。

一日五十キロ歩いた日もある、宿を当日確保で歩いたから取れない日があって野宿したから五十キロ歩いた、と。それは無計画との突っ込みを抑えて、お達者ですねとお相手して、今回は奥さんを車に乗せて二人で回っているけど、奥さんはイヤでたまらない。もう一度、通しで歩きたいから、理解をしてもらうために、車で連れてきたとのことでした。私はできるだけ、この男性の目標が達成できるように、六十五歳でその目標をもっているのは健康そのものなので、すごいことですと援軍を出しましたが、奥さんは渋い顔。今回はペットの犬を連れていて、それを車の中に残しておくのもどうしたものか、夫が遍路に出たら一人で留守番がイヤなどとおっしゃって、それはノロケか不満か。この男性だって六十五歳ですから、通しをできる年数もリミットがあるけれど、どうも無鉄砲な感じですから奥さんが心配するのもわかる。

男性が、奥さんに信じてもらえないのもここまでの積み重ねであるということであれば、払拭急ぐべし、でありましょう。お遍路もまた人生の縮図なのかも。などと、キレイにまとめようとは思いませんが。

第5章 時空を超えて空想遍路

せっかく苦労して歩くのだからお遍路について知りたいと思い手にしたところ、楽しみや興味を増幅させてくれた本を紹介します。なぜ、これがお遍路の関連本なのかといぶかしむむきのものもあるかもしれませんが、読書こそ個人単位の楽しみ。自由に幅を広げてみませんか。

千田稔
『天平の僧 行基――異能僧をめぐる土地と人々』（中公新書）、中央公論社、一九九四年

札所の八十八のお寺は、大きく四つのカテゴリーに分けることができると思う。
1、役《えん》の行者が開いた修行の場とされるお寺（焼山寺、八坂寺、横峰寺、前神寺）。

2、行基が開いたとされるもの。
3、空海の逸話が残るお寺。
4、個人名での由来があるもの（真野長者、明石右京、隼人など）。

意外に行基関連が多い。行基である。私は大学時代、奈良に住んでいたので、行基はとてもなじみ深い。空海以上に親しみを感じる存在だ。奈良の都を作ったとされている行基。ところが札所の発祥も、奈良の都・平城京が置かれた時期と同じころとされている。あの忙しい行基が、平城京建設の現場監督が、当代随一の空間プロデューサーが、四国まで来てお寺を建てたりなんかしたわけ？　この疑問に答えてはいないけれど、ヒントをくれたのがこの本でした。行基は、はじめは異端の僧として国家の弾圧を受けていたが、建築や土木についての能力があることがわかると状況が一転し、都作りの中心人物になっていく。行基の生涯を追っているこの本は、行基が生まれ育った環境をバックボーンにして、地理的な配置などからの経緯を説明しています。

平城京を置いたのは七一〇年とされています。これを境に、行基の立場が変わっていきます。『続日本紀』には、平城京が置かれた直後、都作りで全国から集められた民が労役を終え、故郷に帰ろうとしても、食料もなく、道も悪く、帰途で死ぬ人も多いことが問題視されたという記述があるそうです。行基は、人々を救うべく救助のための小屋を作り、道を整備したとされています。この行為は、当時の宗教政策では異端の行為とされ弾圧の対象とされたのですが、行基は、彼の故郷に渡来の土木技術、架橋、治水技術などが伝えられていて、それらに優れた集団の後押しを受けて実行に移し、形にしていくうちに、その実力が聖武天皇の利害に一致し、引き立てられたのだろうと。

ターニングポイントになるのが、三世一身法が出された七二三年。これは、自分で耕した田は三世代たてば自分のものになる（税金は取るけれど）というもの。このあたりから、国家税収を増やすことを本気で考え始め、田を作らせ、できた稲を都に運ぶためにアクセスを整えることが本格化したそうです。

この本の考え方を参考に、翻って札所のうち行基が開いたとされるお寺を見てみると、七二三年ごろまでを起源とするお寺、すなわち浄瑠璃寺、立江寺、竹林寺、善師峰寺、清滝寺などは、大きな港を望む丘の上に立っていたり、大きな川の近くに立っていたりして、人々の往来のための港作りや、暴れる川を整えてため池や橋を作り、水田としていった事業などがおこなわれた様子を想像できる位置にあります。

また、この時期のお寺のご本尊は、薬師如来関係が多いのです。恩山寺、薬王寺、大日寺（二十八番札所・奥の院が薬師堂）。土木技術を操り、救助小屋で人々に医薬を施した行基の思想と技術に基づく行為が、彼に助けられて命からがらふるさとに帰った民と行基の弟子の技術者たちによって「行基がなした仕事」として後世に伝わった気配があります。これが行基前期とすると、行基後期は聖武天皇がらみです。七四一年に発布され、一国に一つ国分寺を作れ（仏教による国家作り。東大寺の大仏と同じ文脈です）という命令のもとに作られた四国の四つの国分寺は、聖武天皇の発願によって行基が置いた寺とされています。このころの行基はすでに、国の宗教的出先としての国分寺を行基の名のもとに作るほどの重要人物になっていたようです。聖武天皇は、しかし奈良だけでは飽きたらず、都を転々とさせます。そのたびに民は集められ、使役が終わると痩せ細って故郷に帰る、あるいは帰れない、ということが、奈良時代に繰り返されました。

民は使役で酷使される定めなのでしょうか。

お遍路で歩いていると、大きな敷地の片隅に一族のお墓エリアを確保している家がよくあります。道に面していちばん背が高い立派なお墓はまちがいなく戦死した家族のお墓。「故陸軍〇〇兵だれそれ之墓」。数えたら六柱も戦死者のお墓がある家もありました。士官はめったにいなくて、ほとんどが兵として亡くなった方のお墓です。時を超えて平城京の時代から千年以上たっても、有無を言わさず国に呼び出され、故郷に帰ることができなかった人がこれほどまでに多いのかと思うと、人間の知性に進化ってあるのか、と思わされます。

追記すると、この著者は、私の大学時代の直接の恩師です。十六歳のときに著作を読んで、先生の講義を受けるために大学を選びました。こうして一生楽しめる興味の基礎を作ってくれた恩師に深く感謝します。あらためて感謝する機会をもてたこともお遍路のご利益でしょう。

近江俊秀『日本の古代道路――道路は社会をどう変えたのか』(角川選書)、KADOKAWA、二〇一四年

お遍路をすると言うと、山伏的な「山から山へ」「隠れ小路をひそやかに」のイメージで変な人扱いされることもあるのですが、現代では、実際はかなりの部分はアスファルトが敷かれた、国道などの幹線が多い。一方で徳島県と香川県の遍路道は古代の南海道を踏襲して、かつ現代の国道にまで重なっているところがあるとのこと。遍路、あるいは遍路道の起源はいつまでさかのぼれるのか。千年前から五十年前までと幅はあるけれど、昔はどんな道をどんな様子で歩いていたのか考えるヒントもほしくて読んだのがこの本。八十番札所・国分寺、八十三番札所・一宮寺が南海道付近を通るのは道理です(この二つの寺は奈良時代の国家戦略で建てられ、それらを結ぶための道も国家戦略として作られたから)。このほか、古代の法律・延喜式で定められた納税(米などの作物)のため、土佐から京都までは三十五日間で行ったこと、帰りは荷物がないから十八日間で歩いたことなどのエピソードが紹介されている。この距離を十八日間では歩いて帰れないのは、お遍路

で人が歩ける距離を考えれば実感をもってわかることだ。納税のための作物を作ることも、それを納めることも、納めるための道を作ることも、とても過酷だった。三ヵ月、六千人で八十二キロの道を作ったという例が引かれている。六千人分の食事を毎日用意するだけでも大変だ。奈良の都や、そこから全国への交通路を整えることは、北朝鮮が核兵器を作るときと同じくらい、国民への負荷があったと想像する。

四国そのものに関わる記述はほとんどないのですが、古代の交通道路の成り立ち、変遷、社会的な位置づけなどが具体的にイメージできます。お遍路で歩いているときは、道しかありませんので、いま歩いているところはどの時代までさかのぼれるのか、大昔、小昔、どんな道をどんな気持ちで人々は歩いていたのか、考えるヒントになるのではないかと思います。

車谷長吉
『四国八十八ヶ所感情巡礼』
文藝春秋、二〇〇八年

二〇一五年に亡くなった直木賞作家のお遍路記。たびたびの筆禍を起こした「わたくし」小説家らしく、四国を歩きながら見えたもの、見ざるをえなかったものを研ぎ澄ました文章で、どこかユーモアと寂しさが交ざり合うようにつづっていく。歩き以外の遍路をののしり、ゴミの多さに閉口しながら二カ月半で歩き通している。この個性派作家と同じ気持ちで歩いていると言うのはおこがましいけれど、歩いているときは鳥、花、お寺、宿と見えてきたものに素直に反応し、シンプルにアタマのなかが動いていくものだが、その身体的な反応をよく文章にできていると思う。どんな気持ちで歩いているの？と聞かれたら、この本を読んでみて、と薦めるだろう。同行した作家の妻の詩人・高橋順子さんのこの歌もすてき。

石段に椿の花の散り落ちて人の知らざる豪奢を歩く

三十一番札所・竹林寺。「よさこい節」で知られたかんざしを買ったお坊さんがいたというお寺。眺めがいい

二人が歩いた二月の半ばから四月いっぱいは、春のはじめから終わりまでの季節で、歩き始めたばかりのころに焼山寺で雪に降られた体験をつづって、その後花の時期も移ろっていき、椿から桜の満開の時期を歩き続けたことがわかる。椿の垣根から花が落ち、遍路道一面に敷き詰められた状態に

なったのを見たことがたびたびある。椿のカーペットである。そこを歩くという誰も知らないぜいたく。

とはいえ、強迫神経症の薬を飲みながら歩く夫に付き合う妻も足を痛めており、疲れた体で甘えん坊の夫の世話をして話を聞くことを想像すると、苦労するから極楽へ行くのだと悪態をつく作家の理論では、極楽へ行くのはこの妻のほうだろうとも思う。

実際に歩くときの参考になることといえば、雨の日はタクシーやバスを使ったり、体を休めたいときは連泊をしたり、友人の車を頼ったりと、六十歳以上のご夫婦が仲良く歩き続けるために無理をしない態度、余裕をもったプランと心持ちだろう。

同じく高橋順子さんの歌。

きみは徒歩われはバスにて行く朝はわれよりきみの孤独思ひぬ

宮田珠己

『だいたい四国八十八ヶ所』（集英社文庫）、

集英社、二〇一四年

アウトドアでのアクティビティをメインにした旅を主戦場とするライターの遍路記。遍路というより遍路の道を歩いてみた記。四十代半ばの三年間に八回に分けて歩いている。この本は、私自身が歩き始めてすぐのころと、半ばも過ぎたころとの二回に分けて読んだが、二回目はずいぶん印象が違った。初めて読んだとき、第一章では本人の照れや好奇心、外からお遍路というものを見た奇異感が押し出されていたのが、後半はぐっとトーンが落ちていき、読むほうはテンポダウンのように感じた。二回目、私自身が遍路を進めて歩く実感がわかってから読むと、作家の心の中の歩きに対して共感でき、遍路への向き合い方に変化があることが理解できるようになった。一回目のときは何か「きれいごと」のように思えていた作家の感動が、自分にも共通したものとして実感できるのだ。遍路と出産はやってみなければわからない。

それにしてもこの作家はとても体力があってうらやましい。距離より高度のほうが気になるようで、上り坂、下り坂の記述が詳しい。距離は問題にしていないようなのだ。体力に余裕があるので、行程にも遊びを入れることができて、それがプロのライターとして記事に変化を付けるための工夫だったとしても、カヌー、自転車、温泉、ダイビングなど視点を変えた体験を織り込んでいる。例えば、若い男性お遍路さんが、ひと夏の経験として力任せに回りたいときのサンプルとしていいと思う。お遍路たちの真剣さを軽んじるような態度はまったくないけれど、宗教くささもないし。

そんなねれたこの作家が、第一章では、ナメていたのか壊れかけたスニーカーでやってきて破れてガムテープを巻いて、かつ足のマメだけはどうにもならなかったのが、最後にはスニーカーにインソールを入れて解決に至る様子も面白いものです。

家田荘子
『四国八十八カ所つなぎ遍路』（ベスト新書）、
ベストセラーズ、二〇〇九年

『極道の妻たち』（文藝春秋、一九八六年）などで知られるノンフィクション作家の遍路記。この本がなければ、私自身は遍路に踏み出せなかったかもしれない。いまも手元にこの本はあるにはあるのだけれど、前半二百ページほどは散逸している。難所にかかるような行程や、自分のなかで準備が不十分だったと思える遍路旅のときには、歩く予定のページを割いて持っていき、道中で予習しながら歩いて、その行程が終わったら現地で捨てた（荷物はどんどん軽くしたいから）。

準備の段階でも、『へんろ地図』をたどりながらこの文章で追いかけてシミュレーションをすることがたびたびある。特に、遍路道の特徴、山道の難易度、国道の交通量、トンネルの長さ、トイレ休憩所などについて、歩く人、特に女性の目線で書かれている。先の宮田珠己の著書と対照的な視点である。

この作家自身が、社会的弱者や人生で背負っているものが多い人たちに寄り添ったノンフィクションを書いてきた人だからか、「私はそうだったから、あなたもそうなるかもしれない、おせっかいかもしれないけれど、アテンションしておくよ」という立場が遍路の説明でも貫かれている。

特に私が気をつけて読むのが峠道などの記述。選択肢があるような場合、『へんろ地図』では読みきれない距離以外の情報、虫やヘビが出ることや、自動販売機の数、トイレの場所などを丁寧に書いている。作家自身は長く仏教の修行を積んでいて女性としてはかなり健脚だろうが、そこをひとつハードルを落として書いてくれているのが助かる。

四番札所・大日寺。これは新再建される前の姿

カラーの図版がきれいなガイド本はほかにもたくさんあるけれど、最低限かつ必須アイテムとしてこの本と『へんろ地図』があれば事足りると思う。

たまに作家自身の宗教観や霊的な体験についての記述が気になることもあるけれど、得度もしてしまっている人なので、生き方がそうなのだから仕方がないし、「このようにしか生きられない」人たちを書いてきた人であるし、ウソをつけない人なのだろうから、そこはこの本の味として捉えればいいのだと思う。

さりげなくほめてある遍路宿にはハズれがなく、日程が合えばこの本に出てくる遍路宿に泊まった。少し遠回りをしても泊まった宿もある。泊まった宿で、この本で紹介されていたと宿主に話しても知らなかったという人もあり、ひっそりと応援するこの作者の態度も、遍路の旅と弘法大師はすばらしいのよ、ありがたいのよという謙虚な宗教心に全般的に貫かれているように思う。

碧海寿広

『仏像と日本人——宗教と美の近現代』(中公新書)、中央公論新社、二〇一八年

お寺を巡ることや仏像を見て歩くことと、信仰心(特に仏像に代表される仏さん関連)の関係って近代日本の精神的な変化、あるいは社会構造の変化と関係あるのかな?ということを、仏像カルチャー(というものがあるのかわからんが)を担ってきた明治から現代の代表的な人たちの活動を通して考えていく内容。

お遍路には直接関係があるようなないようなことにも思うのですが、私がここまで書いてきた遍路という行動、すなわち、飛行機に乗る、歩く、拝む、泊まる、ごはんを食

べる、のような行動と、ありがたい仏様への帰依は微妙に一致していないということを、それを仏像という形を通して説明してくれていて、そうそう例えるならこういうことよ、と思った次第です。何人もの仏像カルチャー有名人が出てきますが、白洲正子が観音巡りをするとき、「歩いて行かないで何がわかるのよ」（大意）と書いているそうで、白洲正子というと「古美術偏愛の元お嬢さま」と私自身が偏見していたこともあり、本人に会って「あるある」と語り合ってみたかったなーと思います。白洲正子の着物に対する考え方もスキです。と、本題に戻りますが、この作家が、経済学部を出たあと、人文系の大学院に行き、だんだんと仏教的社会学（？）に寄っていって、本書のようなアーネスト・フェノロサからみうらじゅんに行き着くような研究をせざるをえなかった業の深さのそのわけを、いちばん知りたいです。

森正人

『四国遍路――八八ヶ所巡礼の歴史と文化』（中公新書）、

中央公論新社、二〇一四年

関哲行

『スペイン巡礼史――「地の果ての聖地」を辿る』（講談社現代新書）、

講談社、二〇〇六年

この二冊は、どちらも歴史・社会学系の学者が書いた本。どちらも専攻する分野から遍路・巡礼に関わる部分を抽出して並べ替えたものです。人が歩くという行為の社会的、経済的、文化的な意味を、歴史を背景に読み解いていく。どちらも、「純宗教的動機」よりも「現世での救い・利益」「街作り、道作り、観光」「情報網」など、現実世界と歩く行為は不可分であるという結論に至り、人間は、理由は何であれ「歩く行為」をやめることはできない、それをご利益に結び付ける行為はやめることはできないのだと思わされる。

また、お寺や教会を隆盛に導くために宗教者たちが知恵を絞ってきたこと、人々の心身を助けることで信心を集めたこと、特にハンセン病による放浪者と宗教的巡礼の関係など、巡礼とお遍路には社会的背景に共通点が見られる。

今後、まもなく仮想現実（バーチャルリアリティー）で遍路あるいは巡礼を再現できる日もくるのだろうが、そのなかでの達成を、はたして聖ヤコブや弘法大師のおかげだと人は思うようになれるのか?、千年以上続けられたこと、権力も止めることができない衝動に基づく行為を、人が作り上げた技術が超えることはできるのか?、技術で本能を満たすことができるのか?など、未来のお遍路への想像をするうえで、ベースになる知識がまとまっている。

紀貫之、西山秀人編
『土佐日記』（角川ソフィア文庫、ビギナーズ・クラシックス）、角川学芸出版、二〇〇七年

ご存じ、九〇〇年代半ばの古典文学にして紀行文。高知に赴任していた紀貫之が現在のお遍路ルートの一部を逆回りして、船で京都まで帰っていく旅の日記。

船に家財道具を乗せて、家族やお供たちも含めてそこそこの人数が乗り込んでの旅。この日記のスタート地点とされるあたりにある土佐国分寺は二十九番札所。笠の川と国分川の合流地点にある。当時の川の流れや国分寺の位置についての比定は文学的見地からは読み取れないですが、いまの川の深さでは、あまり大きな船では進めなさそう。高知

平野のどこまで川または海が入ってきていたのか？　知りたくなる書き出しです。

札所やお遍路のルートにある地名やお寺、奈半（利）、室津（二十五番札所・津照寺がある）、御先（室戸岬、二十四番札所・最御崎寺）を進んでいるが、これを行くのに天候待ちも入れて出発から五十五日間もかかる旅。そして意外に夜中に船を動かしている描写が多い。風がなくても強すぎてもよくなくて、おそらく陸が見える海上を船で進むのだろうが、真っ暗ななかを進むのは恐ろしかったろうと思う。日記は天候の話と神頼みが大部分を占め、退屈しのぎに歌や漢詩を作っても、天候関係はNGワードで出てこない。現代でも徳島から室戸岬を越えるまでは、海と陸にじっと向き合うしかないルートで、海と波と風と海鳥ばかりが旅の友である。ここを歩いていて、もし南海大地震なんかが起こって私が海にさらわれても誰も見てないし、何の証拠も残るまいと何度も思ったものでした。千年前の有名作家の感性には遠く及ばないが、歩いてここを通ることで、体感する風の強さや波の強さや闇への恐怖感は共有できるような気持ちになります。

伊藤比呂美
『読み解き「般若心経」』（朝日文庫）、
朝日新聞出版、二〇一三年

四十七番札所・八坂寺。庭が立派で広々している

伊藤比呂美は、女子大生だったころの私に上野千鶴子と同じくらい影響を与えた著作家だった。女の肉体と感情のどうしようもなさを端的に捉えていた。どうしようもなさかげんが上野と似ていた。

第4章で紹介した地震で家が半壊になった友人が遍路先に持ってきたのが、この文庫本。私たちが女子大生だったころ、おっぱいでセンセーションを起こした伊藤の子どもたちが、もう『般若心経』に興味をもつような年頃になっているのにも時間の流れを感じるし、伊藤の読み解きのどうしようもなさ、やるせなさも相変わらずで、『般若心経』を読み解くにはぴったりな態度に思えるし、そしてこの本を、ともにした二日間のお遍路に持ってきたこの国語教師も相変わらずである。

別れ際に彼女にこの本をもらった。スペインを歩くとき持っていって、ドイツ人だらけのスペインでそれを読んだ。スペインで『聖書』を読んでいる人は、私の短い巡礼期間にはいなかったけれども。伊藤が言うところの「海千山千」という、怪物みたいになっちまった女を表す表現は、遍路道でも怖くなくなってしまった自分のようなことをいうのだと、開き直ることがたびたびです。

嵐山光三郎
『芭蕉紀行』（新潮文庫）、
新潮社、二〇〇四年

お遍路は、弘法大師（空海）が修行して歩いたという道、立ち寄ったとされる寺をたどって歩く旅であって、歩きながら急な峠やら海岸沿いの強風やら体力的につらいところを行くときは、弘法大師もここを歩いたのだから私だって歩けるはず、と思ったり思わなかったりである。弘法大師はおそらく二十代前半の元気いっぱいの若者だった時期に修行をしているはずで、十代の後半にだって山岳修行をしていたはず。いまの私とは体力的に違うと思えば思ったで、自分を許せるようにもなる。

この嵐山光三郎の著書は、芭蕉が歩いた道をできるだけ歩いて周ってみようとしたもので、歌碑を巡りながらも途上で見える景色や、通り過ぎる街の様子など、芭蕉に向き合いながらたどっている。芭蕉と彼の身の回りの世話をしながら歩いた弟子たちの手記や、記録、メモと、芭蕉が書きあげた「作品」とを比べながら、芭蕉はなぜそこをフィクションにしたのか、しなければいけなかったのかを、編集者だった視点を生かしてひもといていく。先生、この部分を先生はなぜこんなふうにお書きになるのですか、僕はこれをどんな方向で読者に届けるのが正解なのでしょう、僕の仕事はなんでしょう。嵐山の問いは続く。

誰かが歩いた場所を再び歩くということは、過去にいたその誰かと会話すること。昔の音楽や絵画を見ることと似ている。歩くことの意味のひとつを整理してくれた本です。タレントが撮影で訪れた飲食店にファンが押し寄せて同じものを食べるのも、心持ちとしては変わらないのかもしれません。

ハーペイ・カーケリング
『巡礼コメディ旅日記――僕のサンティアゴ巡礼の道』
猪股和夫訳、みすず書房、二〇一〇年

スペイン巡礼の折、ドイツ人だらけだった理由はこの本。バルで同席したドイツ人女子二人組が教えてくれた、ドイツで大ベストセラーになったお笑い芸人の巡礼記。言葉をなりわいにするだけあって、その瞬間の切り取りが具体的で、経過もわかりやすく、何より行く先々で出会う人物の描写がやさしくも手厳しい。日本で言えば劇団ひとりとかバカリズムさんのような人か。ドイツ人による猿岩石の「ヒッチハイク旅」のような、

「普通の男の冒険と放浪の旅」という捉えられ方もできるかもしれない。十代で芸人としてデビューしひたすら芸に邁進したけれど、不摂生からか内臓を患って小休止を余儀なくされ、巡礼の旅へ。巡礼の中盤までは人付き合いもそこそこに、一人で高級ホテルなどを泊まり歩いていたが、徐々にともに歩ける仲間、友と呼べるような人たちに出会っていく。生来のしゃべくり芸人、多言語でのおしゃべり技術が彼自身を救っていく。幼いころからのキリスト教教育の影響で自分なりの宗教観をもっているなか、仲良くなった友たちが、仏教など他宗教の知識もあり、英語やドイツ語、スペイン語で、宗教や哲学に向き合って、同じ体験を共有した仲間として宗教的な本音トークを交わしていく。

私自身、仏教としての遍路と、キリスト教としての巡礼に同時に向き合うなかで、どっちの信者でもない立ち位置をはっきりとできないまま結願したが、宗教的な意味はこんなふうに後から考えればいいのだと納得する。この本のなかに、歩いているとき、彼はパウロ・コエーリョ『星の巡礼』（山川紘矢／山川亜希子訳、角川書店、一九九八年）、シャーリー・マクレーン『カミーノ――魂の旅路』（山川紘矢／山川亜希子訳、飛鳥新社、二〇〇一年）を読んでいるという記述があった。どちらも定番の著作なのだろうが、スピリチュアルな世界観だ。それに比べてこのハーペイの芸人的スタンスは入門書として広く受け入れられたのだろう。

歩くという行為について、彼なりの定義づけがされていくので、それが四国だろうとスペインだろうと、手っ取り早く具体的に結論を知りたい人はこれを一冊読むのがいい。

私がすでに歩いているからこそ、そう思えるのかもしれないが。

第6章

スペインの「イギリス人の道」への道

漂泊への思いはやまず。

四国遍路を知る少し前に、スペインにはキリスト教の聖地があって、ヨーロッパ中から人々が歩いて向かう巡礼がある、と知った。

スペインだろうと四国だろうと、歩いていきたい、漂泊したい気持ちはいつの間にか私のなかに湧いてきて、日常のなかではそれは果たしがたく、その気持ちが消えてなくなっていくのを目をつぶって待つ日々。

その思いを自覚したは二十六歳のころ、モンゴルを旅して、自分の前世は遊牧民の女の子で、乳しぼりをしては、山の上で風に吹かれて鼻歌を歌っていたにちがいないと確信したころにもさかのぼる。前世から持ち越したとしか思えないやっかいな病である。

1　どの道を行くか

ヨーロッパはスペインとフランスに一度ずつ行ったことがあり、もう一度ゆっくり行ってみたいと思っていた。それぞれ十日間ほど滞在して、それで満足したつもりだったけれど、町の人たちとおんなじようなものをゆっくり食べて、じっくり景色や教会を見て、だらだらと歩いてみたい気持ちはずっとあった。

路地裏の猫や植木鉢の花に止まる蝶、はためく洗濯物。

そのヨーロッパの聖地の名はサンティアゴ・デ・コンポステーラという。スペインの西側にその地はある。ローマやエルサレムに続くキリスト教の聖地であるという。

スペインへは大学三年生のときに行った。高校時代から仲がいい友達と行った。彼女は健脚で英語が得意。とても頼りになった。私はただヘラヘラしているだけで、行きたい場所に着けた。スペイン語は「セルベッサはビールのこと」だけ覚えた。パブロ・ピカソも、サルバドール・ダリも、アントニ・ガウディも「スペインの美術家はイッちゃってる人ばっかり、なんか熱い、熱苦しい感じの国だ」と記憶しただけ。当時私は、大学のそばの人文系の国立研究所にアルバイトに行っていて、そこの先生（大学でいえば教授クラス）が、スペインに行くならこの作家を読むべしと与えてくれたのが芥川賞作家の堀田善衛の本。スペインの国民的な画家フランシスコ・デ・ゴヤの評伝を読むべし。スペインがもつ土や血の色やあるいは怨念がじわじわと伝わるような、緊張感の高い作品だった。堀田はこの本を書いているときにスペインに住んでいて、紀行やエッセーなども残している。フランスからスペインに車で移動して、マドリッドをはじめ各地に居を構え、数週間から数カ月を暮らす。あるいはバスクなど北方の地方でも暮らす。バルセロナvsマドリッドの政治対立もこれで知った。そもそもいろいろな違ったものを王権でくっつけて、それがいまもなお残っていることなどを知った。ハプスブルク家は、オーストリアだけじゃなくてスペインにもいたのか（いまとなれば笑えるような常識なのだが）と知った。

これら堀田の著作には、サンティアゴ・デ・コンポステーラは出てこない。いや、書いてあったのかもしれないが、アホ女子大生すぎて頭に入っていないのかもしれない。いずれまた堀田作品は読まねばならぬ。何度でも。

それはさておき、私にスペインを教えてくれたその先生に感謝しながら、堀田作品をひもときながら、私の頭には「スペインを歩くのはたまらなくすてき。さながらドン・キホーテ。カタルニアの鳥はピースピースとなくのですbyカザルス」（当時、スペイン・カタルニア出身のチェリスト、パブロ・カザルスが、アメリカのジョン・F・ケネディ大統領の前で平和の歌として「鳥の歌」を弾いて、曲の紹介にpeace peaceと言ったという逸話を思い出していたのです。平和のメッセージとされていた）という印象がしっかり残った。

フランスは、息子と初めて行った外国である。彼はそのとき中学二年生でフランスには興味も関心もない。そのほかの海外にもそれほどない。フランスはサッカーと自転車競技のレベルが高い国というのが彼の知識のすべて。フランスではサッカーの試合を見られる「かも」しれないとのウソに近い情報と、ヨーロッパ特急に乗せてやる、と鉄心を刺激してフランスに同行させた。それなりに楽しい旅だった。鉄道、路線バス、長距離バスを乗り継いでの旅。ベルサイユ宮殿の広い庭園を自転車で爆走、ロワールの古城に泊まってレンタサイクルで古い街並みを爆走。相方は体力充実の中学生である。

モン・サン＝ミシェルには、ヨーロッパ各地から車でキャンプにやってきていた。自転車を車から降ろして買い物に行って食料を買ってきて、たまに教会を見に行く。スーパーで出会った彼らは長いバカンスなのだろう。いいなあと思う。長い時間の滞在がしてみたい。

これら二つの国についての知識や体験が、近年、四国の遍路とともに、いっそうの重病に姿を変えて私のなかに湧いてきた。二〇一二年にエミリオ・エステベス監督の映画『星の旅人たち』を見たことで、お遍路の次のターゲットとして「スペインを歩く」は適当であるという確信に変わった。

本を読んだり、写真集を見たり、もじもじと数年を過ごし、具体的になったのがお遍路のゴールが見えてきた高知県の後半、あるお寺の宿坊で元日を迎えたときだった。第4章で記したヨシエさんによるダメ押しがあった。お遍路でここまで歩いてこられたのならば、スペインも大丈夫よ、と言ってくれた。帰宅後、森知子の著書『カミーノ!――女ひとりスペイン巡礼、900キロ徒歩の旅』(〔幻冬舎文庫〕、幻冬舎、二〇一三年)を送ってくれた。一挙にスペインが近くなった気がしました。

2 イギリス人の道

『カミーノ!』を読んでみたら(カミーノとはスペイン語で道のこと)、著者は元夫が外国人で英語がペラペラであることがわかった。これはまずいのではないか? やっぱり要語学力? 特に宿の問題、スペインの公営巡礼宿は事前予約ができなくて先着順。私は四国遍路では、絶対予約して行く。夕方になって大荷物を背負ったおばさんが宿を探してさまようなんて、わびしすぎる。そんなことをスペインのどこかでやるなんて怖すぎる。夕暮れ迫り、今日はまだ空き室ありますか?を英語またはスペイン語で電話するの? 特にいちばんの人気ルートである「フランス人の道」(フランス国境を越えてサンティアゴまで行くルート)は歩いている人が多く、朝早く宿を出て、昼ごろには次の宿舎に入るスタイルが主流。そのため距離は一日に二十キロくらいで終わらせる人がほとんどらしい。そのペースでは九百キロあるというフランス人の道は四十日以上かかるってこと。日本で手に入る資料は主にこのフランス人の道に関する日本語のガイド本で、日本ではほぼこのルートしか紹介されていないような状態だった。これは、会社辞めなきゃ歩けないんじゃない？　四国ならまだしも、スペインを区切り打ちとかって、何回行けばいいの？　飛行機代で破産なの？

いま考えれば私はこのころ、歩く病の発作がピークで、取り付かれてアホみたいに追い詰められていた。九百キロの距離のスペイン巡礼を一挙に一人で歩くなら、会社を辞めなければいけない。かつ四十日以上歩けなければいけない、ということは、定年退職後では体力的に無理。退職を早めて六十歳からでも無理。五十五歳で辞めて、すぐにスペインに行って歩いてそこからはバイトして、六十五歳で年金が出るまで食いつなぐ。しかし、バイトだけでは不安だ。何か副収入を。これを半年間思い続けた。

人は笑うだろう。そのために、私は家賃収入用のマンションを二部屋買った。銀行に行ってお金を借りて、不動産屋さんの手を煩わし、取り付かれたように買った。不動産屋さんの一人は古い友人だったが、彼にもこの理由は伝えていない。実はそういう動機だったんだよ、黙っていてごめんなさい。いい部屋を紹介してくれてありがとう。

それはさておき、百キロ歩けば巡礼証明書がもらえるらしいこともわかってきた。ではまず百キロ歩けば、とりあえず「巡礼路を歩いた」と言ってもいいのではないか？　それなら一週間でできるのではないか？　会社を辞めなくてもいいのではないか？　辞めずにすむ方法はないか？　と思い直していたころ、改元に伴ってゴールデンウイークが十連休になるとわかる。まさにこれ。百キロ歩くのにぴったり。平成最後の年末年始、私は百キロ歩くことを決めた。ここで逃したら次は定年後である(ってことも、そのときは思い込んでいた)。

サンティアゴに向かう巡礼路は、数え方によるけれど七、八ルートほどあるらしい。フランス人の道は混んでいるからやめて、それ以外で、時間的なロスができるだけ少なくスタート地点に立てるところを探した。そこで見つけたのが最短ルートのイギリス人の道。昔、イギリスからの巡礼者が海を渡って大陸に上陸してサンティアゴまで歩いた道をベースにした、スペイン西岸の港町をスタートするルートだった。

ルートは見えてきたものの、まずスタート地点の港町まで行く交通路を見極めるまで二カ月かかった。日本国内で巡礼者を支援する団体の相談会に行き(東京都内)、それが正しいか相談し、いけると言われたけれど、私の行程は北海道発着であり、東京発着より二日間多く必要とするために、やはり十日間では難しそうなこと。歩くための地図で満足できるものがなかったこと。英語版の地図、スペイン語版の地図、ミシュランドライブマップを「アマゾン」で海外から取り寄せてみたが、歩くためには縮尺が小さすぎること。とうとう英語版の巡礼のガイドブックを見ることがベストだとわかり、イギリスの出版社から取り寄せて、日本語訳を始めかけた。「アマゾン」大稼働である。

この間、会社の英語サークルに参加して英語を練習してみたり、TOIECを受けてリスニングを鍛えたりと地道なこともやってみたが、気休めであることは言うまでもない。

スペイン国内線の航空機乗り換え、ローカル空港から町の中心部までのバス、乗り換えのための宿探しなどなど、一つひとつの項目をネットで予約するたびに、休日丸一日がかかった。場合によっては、イギリス人の道に関する現地の巡礼ウェブサイトをガリシア語↓スペイン語↓英語↓日本語と「グーグル翻訳」を駆使してなんとか意味をつかんで不安を解決することもあった。

そのうち、だんだん調べることにも飽きてきて、英文一行の意味を知るよりも、体力をつけて迷っても歩き続けることができるように、いくらでも歩けるようにしておくことのほうが大事に思えてきて、にわかにスポーツジムにも入った。週に三回のジム通いで筋肉質になる私。だんだん変な方向に準備が進むのにも気がつかない。

実際は、現場ではほとんど日本語で押し通し、よくて英語でなんとかして、スペイン語は使わなかった、いや使えなかったと言うほうが正しいが。現地で使われてるのはほぼガリシア語だったし。

3　ここまでの準備でおよそ半年

はたして実際に歩いてみると、イギリス人の道は日本人こそ少なかったけれど、各国からの巡礼者はいないわけではなかった。日本では詳しく紹介されていないけれど、歩いている人はいた。むしろたくさんいた。実際に一軒目の巡礼宿は定員二十人のところ、私が到着したのは十八番目。混んでいる。ちょっと遅くなっていたら泊まれなかった。

英語のガイドブックも現地で見比べながら行けば、答え合わせのようでしかなくて、通り名の表記、ランドマークの表記も、行けばわかるものだった。例えば、英語ガイド本で○キロ歩く、あんど、鋼鉄の象徴がある、そこを右側に……などと書いてあっても現地に行ってみれば、「鋼鉄の象徴」は鉄製の彫刻でこれを目印に曲がるってだけのことだった。行ってみればなんとかなった。

半年の準備ののち到着したサンティアゴ・デ・コンポステーラは大きな広場をもつ大聖堂で、五月のおだやかな空の下、世界中から集まった人たちが、到着したことを喜んでそれぞれの時間を過ごしていました。石畳に座って聖堂を眺める人、友達と記念写真を撮る人、道中で出会った人との再会を喜ぶ人。私もほんの数日の行程だったけれど、食堂や休憩のパブで出会った人と再会できたときうれしかった。祝祭の空気です。世界中の人たちが、ワクワクした心を抱いて平等に自由に過ごしている雰囲気は、自由の女神の広場や浅草寺と似ているように思いました。

聖堂はこのとき修復工事に入っていて、全容が見えておらず、これはもう一度こなければいけないのではないか?と思い込みそうになって、危ない、これをいま思い込んでしまうとまた大変なことになるので、心を静めて堂内に入っていきました。もちろんクリスチャンの人たちは、しっかり何事かをお祈りしていて、おじゃまをしてはいけない気配です。モン・サン＝ミ

ゴールのサンティアゴ・デ・コンポステーラ大聖堂。世界中の人たちがそれぞれのやり方でまったり。泣いている人も、笑っている人も

シェルの堂内と同じ。ちゃんとお祈りしている人が当然いらっしゃる。

なかで、大型のストレッチャータイプの車いすでお参りにきている一団を見かけました。若い男性が寝たきりのまま。周りにはおそらく両親や兄弟である人たち。寝たきりの男性は脳性まひというのでしょうか、しっかりベッドに固定されたまま。小高い丘の上にあるこのサンティアゴの聖堂は、いくつもの石段を登らなければならず、スロープなんてない。ここまでこのストレッチャーは家族たちが運んだはず。千五百年もの間、もう神様にお願いするしかなくて、どんなに遠くてもここまで歩いてくるしかない人たちにとってのゴールであったこの教会に、いまもこうして、お参りにきている人がいる。長い距離を何かのお願いごとのために歩いて歩いて、ときには全財産を旅費に換えてしまった人もいるはず。この家族もこの男性の家族となったそのときから、ずっと長い心の距離を歩いてここまでやってきて、お願いすることはただ一つ。健康な体を授けてください。私は、とにかく体が丈夫でごはんをたくさん食べる、東京にいる息子のことを思い出していました。

歩いていると、牧草地には馬が放牧されていたし、畑を耕している人もいたし、庭の花の手入れをしている人もいた。トラクターに乗っている人もいた。歩いているときは、地図と街路の目印や矢印を見るのは四国と同じ。考えることも同じ、足が疲れた、トイレはどこだ、食べモノの確保。

それでも自転車で長距離を走る人をたくさん見かけたり、コンビニはないからバルで食べた

白樺がなければうっかり四国と間違えそうな巡礼路。アップダウンが少なくて歩きやすい

英語版のガイドブックを見ながら歩く。コーラとボカディージョでランチ。パンに挟むものはほかにもあるけど〝ハモン(ハム)〟がいちばん言いやすいからこうなる

水場に地元猫たちがお昼寝。猫と遊んでいたら、パトカーが止まって、日本語で「猫を見てます」と伝えると、「ブエン・カミーノ！」と警官は立ち去った。お遍路でも、ほぼ毎日猫に会った

り、四国と違うこともあった。ランチするにしてもボカディージョを毎日はつらいし、スーパーで調達する食べ物、生野菜はおいしくて大量で安いし、トマトは甘いけど野性的な味がする。地元の人と同じものを同じような条件で食べて過ごしたいという夢を、少しは達成できた。宿は都合三泊分を巡礼用の宿で泊まった。二回公営宿、一回私営宿。巡礼宿は共同のキッチンで自分が持ち込んだ食材を調理して食べるような方式だが、完全男女混合のベッドが日本女子には厳しいかもしれない。巡礼はドイツ人が多くて（その理由は第5章で紹介しています）、ドイツ人の大柄な男性に挟まれて二段ベッドで寝ていると、ここはレニングラード攻防最前線ではないのかと妄想が始まるほどである。ドイツ人男性は体がでかくてリュックもでかいので、たくさんの役に立つ荷物を詰め込んでいる。朝五時くらいに起きる。顔も洗わず、何も食べず、起きてベッドから床に降り、ごつい靴を履き、寝袋をつかむ、リュックを背負う、そしてバイバイ。「早朝点呼ドイツ兵」方式である。

また巡礼宿では、水道水を雑にペットボトルに詰めていく人も多かった。水道水は飲まないのかと思っていたが、案外そうでもなかった。私が携帯していた箸が、共同ダイニングで熱い視線を集めたのも面白かった。キャベツの千切りをはじめなんでも箸で食べるのは相当すごいことと思われていたようで、少しドヤッてみた。また、私の日本式の丁寧な足首爪先テーピングも大注目だった。

何よりも私自身のおばさん力は、日本語でしゃべり倒すと効力が増した。お総菜屋さん、スー

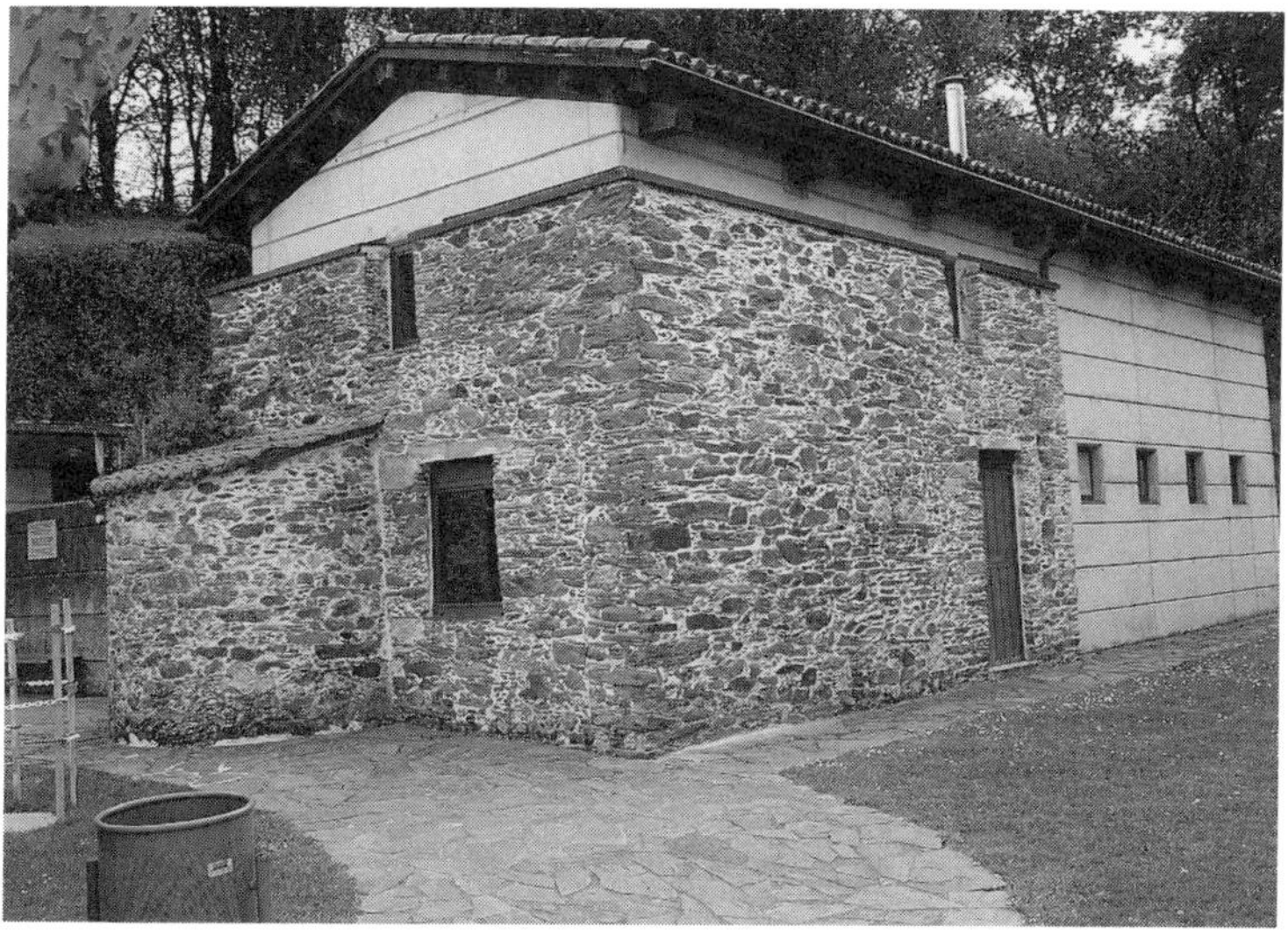
公営巡礼宿のひとつ。石造りの部分が共有スペース。大きなダイニングテーブルがあり、キッチンをみんなで使う

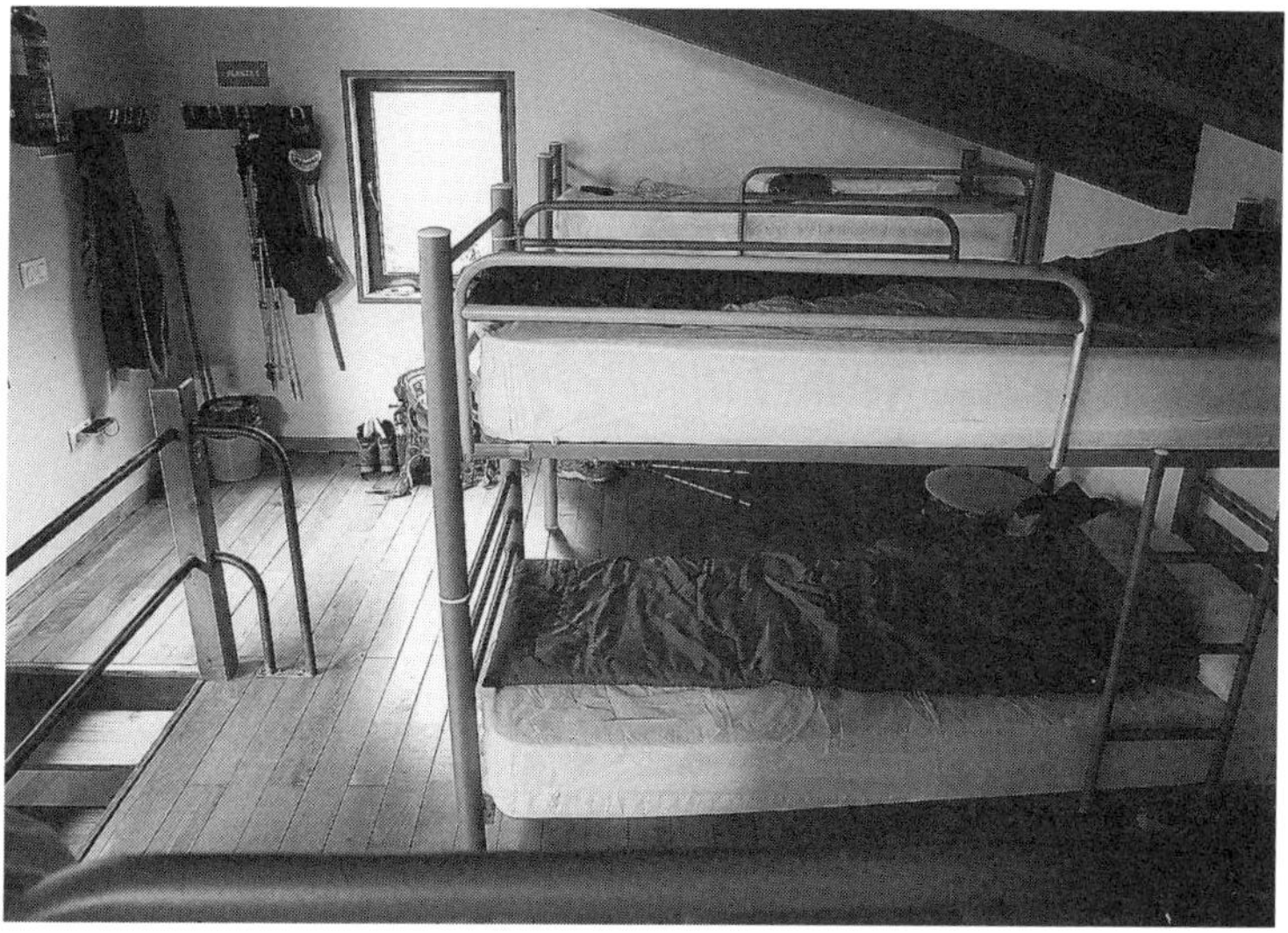
巡礼宿では計5基の二段ベッドに10人が泊まった。私は真ん中の上段。両側にドイツ人男性。寝袋は各自持参。宿泊料は使い捨てシーツ込みで7ユーロほど

パー、途上の有名教会のひとつであるサンタマリア教会の場所がわからず、坂道を上ったり下りたりしていたら道を教えてくれた女性とは教会に着いたら思わずハグ。メニューについてゆっくりと説明してくれたバルのおかみさんたち。アルベルゲ（巡礼宿）を探せなくなったとき車に乗せてくれたおばさん。山道で突然出くわした犬の散歩のおばさん。みんなありがとう。おばさんに仲間入りしたことで、同じ目線で話せた気がした。おばさんな私になっていることがとても心地よかった。

結局、この十日間では百キロは歩けず、巡礼証明書はもらえなかったのだが、行く前は調べても調べても、わからないことだらけのこの旅も行けばなんとかわかる、とわかった。公営巡礼宿はEU（欧州連合）の星マーク付きで宗教色は少なく、全ヨーロッパ対応で非常にシステマチック。早い者順の原則、一律料金、食べ物や自分の面倒は自己責任、とわかりやすい。

再びスペイン巡礼に行くか、いまは決めていない。宿泊所確保競争になるような行程は、思っていたよりせわしない。体が大きな西洋人男性と早いもの勝ちで宿を取り合うなんて、これから年を重ねればもっとつらいと思うようになるだろう。そして、次はフルサイズの距離を歩く以外はしないだろう。ここで決心してしまっては、会社を辞めるしか手段がないのはわかっているので、いまは行っても行かなくてもいいと思うことにしよう。またしばらく蓋をして時を待とう。歩くことそのものは四国もスペインも変わらないと納得させて、空回りしていた狂気を鎮めた。

このスペイン巡礼の直後の夏、私にスペインと堀田善衛を教えてくれた先生が病で亡くなった。先生とのご縁がなければ、スペインにこんなに興味をもって歩くことはなかった。そしてこの先生との出会いの場を作ってくれた人も同じ夏に亡くなっていた。学生時代から三十年後に、この道まで連れてきてくれたお二人に感謝したい。

第7章 私が歩くということ

八十八番まで打ち終えたらどんな気持ちがするのだろうかと、四県目になる香川県に入ったころから想像していた。寂しい気持ちになるのか、喜ばしくうれしいのか、弘法大師への感謝の気持ちが湧いてきて信心をもつようになるのか、ずっと考えてきていた。そしてなんとなく終わってほしくないと思った。なんだかんだグチりながらも、私はこれが好きなんだろうとだんだん思うようになっていった。

そして、その日はやってきた。

八十八番札所に向かう最後の難所が女体山のガケ登り。これを登るか登らないか、正直、当日の朝まで決められなかった。

家田荘子の本に「行くのは絶対だめ、私は絶対に行くまい」と書いてあって、この人の書くことはほぼ正しいので、無理することはない、三キロほど遠回りだけどアスファルト道を通ろ

八十八番札所・大窪寺がある女体山からの眺め。ガケ登りは怖かったが、高松市内を一望できる（撮影：五十嵐良子／本章の写真はすべて）

う、今回は同行のヨシコちゃんもいるから無理をさせてはいかんと、ヨシコちゃんのせいにして、出発前は判断を先延ばしにしていた。最後の宿で出会った（第6章で紹介した）定年後に夫婦で回っていて、奥さんが遍路にいい顔しない人たちの夫の人が「最後だから、やったらいいよ」とガケ登りを勧めてくれて（終わってからよく考えれば、この人は一回通しをしていて、それもかなりむちゃな行程で回る人だったと気づいたけれど、そこは自己責任が歩き遍路のルールなわけで）、ヨシコちゃんが、波さんの好きなようにしてください、と本当に言ってくれたこともあり、これでお遍路自体も最後になるはずだ、なってほしい、迷ってはいけないと決めて、ガケ登りをやってみることにした。この時点ですでにいろいろ迷っているのだが。

が、それは行ってみるとホントに恐ろしい急斜面で、いまでも手に汗が出るような体験で、ヨシコちゃんにも悪かったなと思う。ロープも鎖もないところを体感で三十メートルくらいのガケ登りで、滑って落ちたら本格的なケガをするような、助けにきてもらうのにも一時間はかかるし、ケガですめばいいような状況で、最後の最後にして、お大師様お守りくださいと願いながら、岩をしっかりしっかり握って登っていった。

お大師さんも、こんなときだけ頼りにされても困ったなーという感じだろうが、八十八番札所・大窪寺に着いたときはほっとした気持ちもあり、大師堂で『般若心経』をあげながら、泣きそうになってしまった。そんなことは初めてだったが、なんとかこらえて、お参りを終えた。これは吊り橋理論というものか、それとも信心の発現なのか。

ここまでこうやって時間をかけて歩いてきたのだから、せっかくだから何かお願いごとでもしようと、しばらく手を合わせていたのだけれどなんにも思い浮かばない。普段の初詣や、これまでのお遍路でのお参りの軽い感じとは違って今回くらいはお大師さんも、ご本尊さんも、お願いごとや悔い改めを聞いてくれそうな気もするから、絶好のチャンスであるのだろうがなんも浮かんでこない。しょうがないので、息子が元気に過ごせますようにとだけお願いした。

私はわかった。七年半もかけてたどり着いたところでも、お願いしたり、助けてほしいと思ったりすることがなんにもないほど、私は幸せであることを。私は私が幸せであることをわかるためにここまできたのだ。いままでもたぶんそうだったのに、気がつけなかったのだと気がつ

自分の後ろ姿はなかなか見られないものです。ヨシコさんが隠し撮り

いた。他人に言われても、状況がそうであっても、自分で気がつかないとわかることができないことがあるということを。

帰宅して、ヨシエさんとOさんに手紙を出して、教えをいただいたお礼と結願の報告をした。お遍路が終わって寂しい気持ちになっております、次に何をしたらいいかわからない、と報告したら、ヨシエさんからは、少し結願の余韻を楽しんだらいい、と返事がきた。Oさんからは和歌山の柿が届いた。リンゴみたいに大きな柿だ。それから二週間は比較的じっくり、私にとってこの千数百キロは何だったのか、考えてみた。

言語化するのがとても難しい。このフワッとした感じに共感も得られそうもない。この説明できない感じを、あえてフワフワした感じのまま説明してみようと思う。

野球選手のイチローが、現役時代、毎日のローテーションをするのに気が乗らない日はあるだろうが、やらないという選択はないだろう。やらないことはない状態でずっといられることを才能というのだと思う。少なくとも松井秀喜はそう言っていた。努力し続けるということが天才。天才は自分がそうでありたい状態になるために最短のルートを見つけられるし、それを才能というのだし、その手段としてのローテーションがある。私が歩くためにやってみた細かいいくつもの試みは、誰に強いられたものでもないし、お金にもならないし、誰かに認めてもらうためでもない。やらないという選択肢がなかっただけだ。

イチローと私を比べようなんてめっそうもないのはわかっている。自分が人生のなかで起こしてしまったことと、やらなかったことの選択にはひとつの基準があって、自分にとっては複雑で簡単にはやりとげられないことだからこそ、やってみたい、知ってみたいと思ってしまう。変なことこそ好きだと考えてしまう人間であるらしい。できるかどうかは別の問題。そんなに好きではない、好きかどうかもわからないと思いながらも続けてこれたことも、結局は好きなんだろう。つまり嫌いなものはどんな簡単なことでもできない。

お遍路に関しても、始めようと思った時点で誰にも頼まれたわけではないし、そこに意味なんて求めていなかったけれど、やらずにいられなくて、やってしまった。確かに嫌いじゃないのかもしれない。嫌いじゃないから好きかもしれないと思っただけで続けてしまった。好きなのだという執着に取り付かれてしまった。やらない選択肢がなくなってしまった。

八十八番札所・大窪寺。恐怖のガケ登りのゴール。ようやくたどり着いてヘロっている後ろ姿

同じく大窪寺。最後のお遍路に同行してくれたヨシコさんに仕切られるままに記念写真

七年半かけて、だんだんそれをやり続けるためのコツがわかってきた。天才はこれを半年でわかるのだろうが、こんなにかかってでも、この長い距離を歩くことについて少しはわかったような気持ちになったのだから、自分としてはこれでいい。

誰かと比べてみて、劣っているとか勝っているとか、気にせずにいられないけれど、歩いているときは誰かと比較してみても全然意味がない。自分と張り合ってみても、疲れた足が動くわけでもない。私のこの足の痛さが誰にも共感されないのと同じように、楽しさもまたそう簡単に共感なんかされてたまるか、という気にもなった。楽しさだけ共感してんじゃねえよ。

言わなきゃわからない、という。確かにそう。世の中、言葉にしなければ伝わらない。だからこうして長々書いている。

ヨハネス・ブラームスのヴァイオリンソナタの美しさは言葉にできないが、美しさ（という言葉が正確かもわからないが）は確かにある。でも、そこにあるのはただの音である。空気の震えである。

お遍路も言ってしまえば、ただ歩くこと。そこには、信心も解脱もある人にはあるし、ない人にはない。ブラームスを美しいという人と全然なんとも思わない人とがいるように。

お遍路が終わってぼんやりとした感覚は、ごひいきのアイドルがアイドルを卒業していったときの寂しさにも似ている。永遠と思っていた存在が、やがて年を重ねて、同じことができない違う存在になっていくということ。熱狂のうちに去っていくこと。

八十八番札所・大窪寺で無事に結願。希望すれば証書を作ってもらえる

それは自分にとってもそう。毎日を生活するなかでは、去年の自分と今年の自分の違いはわからないし、その繰り返しの先が死であるとは実感しないが、お遍路道で苦しかった箇所などを、来年の私がこれをできるだろうかと、思わないでいられない。来年はできても五年後にはどうか、と。自分の年齢の限界や、その先の死をいやでも意識する。

四十代で始めて五十代のはじめに終えたこの千数百キロを、五十代の私が二回目に始めて六十代で終えられるだろうか。がんばればできるという時期は終わったのではないか。いましかできないことがやれているだろうか。

それを確かめるため、次の何かがやってくるのをいまは待っているのです。

松市

●宿泊地

高松市

11月8日(金)

[84番]屋島寺〔再〕

[85番]八栗寺

[86番]志度寺

●宿泊地

さぬき市

11月9日(土)

[87番]長尾寺

[88番]大窪寺

●移動

大窪寺(バス)—志度(琴電)—瓦町

●宿泊地

高松市

11月10日(日)

高松空港—羽田空港経由で帰宅

四国中央市

11月26日(月)

[65番]三角寺

[66番]雲辺寺

●宿泊地

観音寺市

11月27日(火)

[67番]大興寺

[68番]神恵院

[69番]観音寺

[70番]本山寺

●宿泊地

三豊市

11月28日(水)

[71番]弥谷寺

[72番]曼荼羅寺

[73番]出釈迦寺

[74番]甲山寺

[75番]善通寺

[76番]金倉寺

●宿泊地

善通寺(宿坊)

11月29日(木)

[77番]道隆寺

[78番]郷照寺

[79番]天皇寺

[80番]国分寺

●宿泊地

高松市

11月30日(金)

[81番]白峯寺

[82番]根香寺

●宿泊地

高松市

12月1日(土)

[83番]一宮寺

[84番]屋島寺

●宿泊地

高松市

12月2日(日)

●移動

高松空港—羽田空港経由で帰宅

※2019年のゴールデンウイークにサンチアゴ・デ・コンポステーラ、イギリス人の道

第14回

2019年11月7日(木)

●移動

神戸空港—三ノ宮(バス)—高

［52番］太山寺

［53番］円明寺

●宿泊地

松山市

5月2日（水）

●札所

［54番］延命寺

●宿泊地

今治市

5月3日（木）

●札所

［55番］南光坊

［56番］泰山寺

［57番］栄福寺

［58番］仙遊寺

［59番］国分寺

●宿泊地

西条市

5月4日（金）

●札所

［61番］香園寺

［62番］宝寿寺

［63番］吉祥寺

［64番］前神寺

●宿泊地

西条市

5月5日（土）

●札所

［60番］横峰寺

●移動

伊予西条（深夜バス）—三ノ宮

●宿泊地

神戸市

5月6日（日）

●移動

伊丹空港から帰宅

第13回

2018年11月23日（金）

●移動

神戸空港—三ノ宮（バス）—伊予西条

●宿泊地

西条市

11月24日（土）

●移動

西条（JR）—石鎚

●宿泊地

新居浜市

11月25日（日）

●宿泊地

久万高原(バス)—松山市内

●宿泊地

道後温泉—東京都内経由で帰宅

第10回

2018年2月9日(金)

●移動

松山空港(バス)—松山市

●宿泊地

松山市

2月10日(土)

●移動

松山市(バス)—久万高原

●札所

[44番]大寶寺

[45番]岩屋寺

●宿泊地

愛媛県久万高原町

2月11日(日)

久万高原(バス)—松山市

●宿泊地

松山市

2月12日(月)

●移動

松山市(バス)—松山空港から帰宅

第12回

2018年4月28日(土)

●移動

松山空港(バス)—松山市

●宿泊地

松山市

4月29日(日)

●移動

松山市内(バス)—久万高原

●札所

[46番]浄瑠璃寺

[47番]八坂寺

●宿泊地

松山市

4月30日(月)

●札所

[48番]西林寺

[49番]浄土寺

[50番]繁多寺

[51番]石手寺

●宿泊地

道後温泉

5月1日(火)

●札所

土佐清水市

3月17日(木)

●札所

[38番]金剛福寺

●宿泊地

土佐清水市

3月18日(金)

●宿泊地

宿毛市

3月19日(土)

●札所

[39番]延光寺

●移動

愛媛県愛南町城辺バスセンター(深夜バス)—神戸市三ノ宮

3月20日(日)

●移動

三ノ宮—宝塚歌劇—神戸空港から帰宅

第9回

2017年4月29日(土)

●移動

松山空港—松山市(JR)—宇和島(バス)—城辺バスセンター

●札所

[40番]観自在寺

●宿泊地

愛媛県愛南町

4月30日(日)

●宿泊地

宇和島市

5月1日(月)

●札所

[41番]龍光寺

[42番]仏木寺

●宿泊地

宇和島市

5月2日(火)

●札所

[43番]明石寺

●宿泊地

大洲市

5月3日(水)

●宿泊地

愛媛県内子町

5月4日(木)

●移動

[28番]大日寺
[29番]国分寺
[30番]善楽寺
●宿泊地
高知市
●札所
[31番]竹林寺
[32番]禅師峰寺
●移動
高知市(バス)—高知空港—伊丹空港経由で帰宅

第7回

2015年12月29日
●移動
高知空港(バス)—高知市
●宿泊地
高知市

12月30日
●札所
[33番]雪蹊寺
[34番]種間寺
[35番]清瀧寺
[36番]青龍寺
●宿泊地
土佐市

12月31日
●宿泊地
須崎市

2016年1月1日
●札所
[37番]岩本寺
●宿泊地
岩本寺(宿坊)

1月2日
●移動
荷稲(土佐くろしお鉄道)—JR窪川—高知市(バス)—高知空港—伊丹空港経由で帰宅

第8回

2016年3月14日(月)
●移動
高知空港(バス)—高知市—JR窪川—荷稲(土佐くろしお鉄道)
●宿泊地
高知県黒潮町

3月15日(火)
●宿泊地
四万十市

3月16日(水)
●宿泊地

第5回

2015年2月8日(日)

●移動

神戸空港(バス)—徳島市

●札所

[18番]恩山寺

[19番]立江寺〔再〕

●移動

JR立江—日和佐

●札所

[23番]薬王寺〔再〕

●宿泊地

徳島県美波町

2月9日(月)

●宿泊地

徳島県海陽町

2月10日(火)

●宿泊地

室戸市

2月11日(水)

●札所

[24番]最御崎寺

[25番]津照寺

●宿泊地

室戸市

2月12日(木)

●札所

[26番]金剛頂寺

●移動

安芸市(土佐くろしお鉄道)—高知市—帰路へ

第6回

2015年5月2日

●移動

高知空港—安芸市(土佐くろしお鉄道)—奈半利(バス)—室戸市

●宿泊地

室戸市

5月3日

●札所

[27番]神峯寺

●宿泊地

高知県安田町

5月4日

●宿泊地

香南市

5月5日

●札所

●宿泊地

徳島市

6月9日(月)

●移動

徳島市(バス)—徳島県神山町

●札所

[13番]大日寺

●宿泊地

大日寺(宿坊)

6月10日(火)

●札所

[14番]常楽寺

[15番]国分寺

[16番]観音寺

[17番]井戸寺

●移動

徳島市(バス)—神戸空港経由で帰宅

第4回

2014年12月27日(土)

●移動

神戸空港(バス)—徳島市

●札所

[19番]立江寺

●宿泊地

徳島県勝浦町

12月28日(日)

●札所

[20番]鶴林寺

[21番]太龍寺

[22番]平等寺

(大雨にあたって風邪をひく。阿南市内で宿の車でピックアップ)

●宿泊地

徳島県美波町

12月29日(月)

●移動

宿の車でピックアップ地点の阿南市内まで送り

●札所

[23番]薬王寺

●移動

JR日和佐—海部

(風邪でリタイア)

●宿泊地

徳島県海陽町

12月30日(火)

●移動

JR海部—甲浦(バス)—室戸岬(バス)—安芸(土佐くろしお鉄道)—御免(タクシー)—高知空港から帰宅

全行程の日程

第1回

2013年2月24日(日)

●移動

関西国際空港(バス)—JR徳島—鳴門市

●札所

[1番]霊山寺

[2番]極楽寺

[3番]金泉寺

●宿泊地

徳島県板野町

2月25日(月)

●札所

[4番]大日寺

[5番]地蔵寺

[6番]安楽寺

[7番]十楽寺

[8番]熊谷寺

[9番]法輪寺

[10番]切幡寺

[11番]藤井寺

●宿泊地

徳島県吉野川市

2月26日(火)

JR鴨島—徳島市(バス)—神戸市経由で帰宅

第2回

2013年6月3日(月)

●移動

関西国際空港(バス)—徳島市—JR鴨島

●宿泊地

徳島県吉野川市

6月4日(火)

●札所

[11番]藤井寺〔再〕

[12番]焼山寺

●宿泊地

徳島県神山町

6月5日(水)

神山町(バス)—徳島市(バス)—関西国際空港経由で帰宅

第3回

2014年6月8日(日)

●移動

神戸空港(バス)—徳島市

［著者略歴］

波 環 なみたまき

1968年、北海道生まれ

奈良女子大学文学部卒業

現在、北海道の放送局に勤務

著書『宝塚に連れてって！』（青弓社）を1998年に出版。同年に長男を出産し、1年間の育児休業を経て職場復帰

趣味は宝塚歌劇などの観劇、関ジャニ∞、ホットヨガ、スキー、茶道（表千家）、着物など

お遍路《へんろ》ズッコケ一人旅《ひとりたび》

うっかりスペイン、七年半の記録

発行　2020年4月21日　第1刷
　　　　2020年9月10日　第2刷

定価　1600円＋税

著者　波 環

発行者　矢野恵二

発行所　株式会社青弓社

〒162-0801 東京都新宿区山吹町337

電話 03-3268-0381（代）

http://www.seikyusha.co.jp

印刷所　三松堂

製本所　三松堂

ISBN978-4-7872-9254-4　C0095